HENRY RIBADIEU

UN

PROCÈS EN GUIENNE

sous

LOUIS XIV

— Mais, s'il vous plaît, Madame,
Depuis quand plaidez-vous?
— Il ne m'en souvient pas;
Depuis trente ans au plus.

(La Comtesse Yolande).

PARIS

DENTU, LIBRAIRE-ÉDITEUR

(PALAIS-ROYAL)

1881

BORDEAUX, IMPRIMERIE ALCIDE SAMIE

UN

PROCÈS EN GUIENNE

SOUS LOUIS XIV

DU MÊME AUTEUR :

HISTOIRE DE BORDEAUX PENDANT LE RÈGNE DE LOUIS XVI, avec lithographie représentant la place des Quinconces projetée par l'architecte Victor Louis. Bordeaux, typ. J. Dupuy, 1853, in-8° de 160 pages.

HISTOIRE MARITIME DE BORDEAUX : (Aventures des corsaires et des grands navigateurs bordelais). Bordeaux, 1854, in-8° de 204 pages.

NOTICE BIBLIOGRAPHIQUE et PIÈCES RELATIVES A MESSIRE ARNAULD DE PONTAC, évêque de Bazas. Bordeaux, 1854, in-8° de 42 pages.

LES NÉGOCIATEURS DE BORDEAUX : (Épisodes et récits du temps de la Grande Fronde). Bordeaux, typ. Ragot, 1855, in-18 de 136 pages.

LES CHATEAUX DE LA GIRONDE : (Mœurs féodales, légendes et traditions de l'ancien pays de Guyenne, épisodes de l'histoire de Bordeaux sous l'administration anglaise et la domination de la France). Paris, E. Dentu, 1856, in-8° de 632 pages.

ÉSOPE PEINTRE : (Étude grecque appliquée à la municipalité bordelaise sous le second Empire). Paris, Dentu, 1858, in-32 de 124 pages.

UN VOYAGE AU BASSIN D'ARCACHON. Paris, Jules Tardieu, 1859, in-12 de 104 pages.

ÉLIE VINET, suivi de l'ANTIQUITÉ DE BORDEAUS, avec gravures et deux plans de Bordeaux au xvi° siècle. Bordeaux, Paul Chaumas, 1860, petit in-4° de 168 pages.

UNE COLONIE GRECQUE DANS LES LANDES DE GASCOGNE, entre l'an 1800 et l'an 550 avant J.-C. Paris, Dentu, 1861, grand in-8° de 96 p.

LES CAMPAGNES DU COMTE DERBY EN GUYENNE, SAINTONGE ET POITOU. Paris, Dentu, 1865, in-8° de 96 pages.

HISTOIRE DE LA CONQUÊTE DE LA GUYENNE PAR LES FRANÇAIS, de ses antécédents et de ses suites, avec portrait de Talbot tiré d'André Thevet. Bordeaux, Paul Chaumas, 1866, in-8° de 558 pages.

HENRY RIBADIEU

UN

PROCÈS EN GUIENNE

SOUS

LOUIS XIV

> — Mais, s'il vous plaît, Madame,
> Depuis quand plaidez-vous !
> — Il ne m'en souvient pas ;
> Depuis trente ans au plus.
>
> (LA COMTESSE YOLANDE).

PARIS

E. DENTU, LIBRAIRE-ÉDITEUR

(PALAIS-ROYAL)

1881

PRÉFACE

Explorer, pénétrer plus avant, est le besoin de notre siècle. Nous aimons à connaître, non-seulement ce que faisaient nos pères, mais encore ce qu'ils étaient, leurs institutions, leurs coutumes, les lois qui les gouvernaient. Nous voudrions nous introduire dans leurs foyers pour y vivre un moment avec eux. Les pages qui suivent touchent, par un côté, à ce genre d'études : elles racontent le développement d'une action civile devant le Parlement de Guienne. Une expropriation pour dettes en est l'objet; commencée en 1669, elle ne finit qu'en 1684; elle dura donc quinze ans. Des personnages historiques, ou portant des noms qui ont figuré dans nos annales, s'y trouvent mêlés; des incidents, fort ordinaires, sans doute, mais particuliers à la vieille procédure, y surgissent. Pour en apprécier la valeur, il a fallu exposer certaines règles de l'ancien code français et donner l'explication de quelques mots aujourd'hui hors d'usage.

Les faits relatifs à la cause sont contenus dans un dossier spécial, où l'on trouve la plupart des pièces de la procédure. C'est un gros manuscrit, sur parchemin, de la fin du xviiᵉ siècle, portant sur toutes ses feuilles le timbre de la Généralité de Bordeaux. Parmi les dernières, sur une page blanche, on lit ces mots : l'*Annonciade de Bordeaux;* au dos : *La Réole, 28 novembre 1685*. Il sera désigné dans ce travail sous le nom de *Manuscrit de l'Annonciade*, lieu de sa provenance.

A ces débats, nous avons joint l'histoire du temps, dans la pensée qu'elle pourrait ôter à notre essai judiciaire un peu de sa monotonie, et, mieux encore, expliquer la longueur du procès. D'un autre côté, les récentes découvertes de nos érudits compatriotes, MM. Tamizey de Larroque, Léo Drouyn, Malvezin, Jules Delpit, etc., nous permettaient de rajeunir un sujet quelque peu rebattu, en donnant, aux graves évènements de la seconde moitié du xviiᵉ siècle, plus de relief ou de physionomie.

On remarquera, peut-être, qu'à l'abaissement du Parlement de Guienne, devant l'Ormée, nous avons opposé la noble attitude du Présidial. Nous avons pensé qu'il était bon de montrer ce que peut, aux époques les plus troublées, la dignité du caractère ; c'est ainsi qu'on verra une poignée de magistrats, restés fidèles, unir leurs efforts pour arracher le pouvoir des mains des factieux et rétablir, sans effusion de sang, l'autorité du Roi dans une ville depuis longtemps révoltée.

Le Recueil des Archives Historiques de la Gironde, les Actes de l'Académie, la Chronique Bordelaise nous ont fourni, en outre, les éléments d'un chapitre à peu près nouveau. Entre la chute de l'Ormée et l'insurrection de 1675, il y a près d'un quart de siècle. La Colonie, Dom Devienne, Bernadau et leurs imitateurs ont franchi d'un bond cet espace comme s'il n'eût présenté aucun fait digne de la plume de l'écrivain. Nous avons cru qu'il y avait là un vide à remplir.

Il y eut, en effet, dans cette période négligée, autre chose que des règlements de voirie, des célébrations de victoire ou des réceptions de gouverneurs ; la sédition des Potiers d'Étain, qui se présente chez nos auteurs comme un événement isolé, se rattache aux troubles de la Fronde par la sourde agitation de l'époque intermédiaire.

Quelques remontrances du Parlement, — du reste assez timides, — l'obstination de la Jurade à défendre ses vieux statuts, la misère des campagnes, le désarroi de la justice, les mutineries du peuple, et, au milieu de ces désordres, les suspectes allures de la bourgeoisie, — tel est le spectacle de ces années de transition.

La fin du siècle fut surtout signalée par les embarras du fisc. Pour remplir le Trésor vidé par les guerres, l'adminis-

tration des Finances alla jusqu'à vendre les Justices royales.
Une aliénation de cette nature, qui eut lieu en Guienne,
dans l'année 1696, appartenait à notre travail; elle achève
le tableau de l'époque et complète ce que nous avons pu
recueillir sur l'état de la province au temps de Louis XIV.

De l'ensemble de ces faits, où la teinte sombre domine,
se dégage en définitive une grande leçon : Les peuples ne
gagnent rien aux insurrections et aux guerres civiles; ils
en sortent plus amoindris, plus foulés et plus imposés que
jamais. — Vérité presque banale, à force d'être souvent
rappelée, mais qu'on ne saurait trop redire, et que nous
offrons, une fois de plus, aux méditations du lecteur.

UN

PROCÈS EN GUIENNE

SOUS LOUIS XIV

CHAPITRE Ier

LA CHUTE DE L'ORMÉE

L'amour de la chicane a, de tout temps, provoqué force railleries : Aristophane, Racine, Brueys et Palaprat ne lui ont pas épargné les traits satiriques. Juges ou plaideurs, leurs types, d'un comique voisin de la farce, sont bientôt devenus populaires ; et Patelin[1], Dandin, Philocléon, Chicaneau, Yolande de Pimbesche, vivront autant que le monde. Il y a cependant autour de ces figures tant de ridicules amassés,

---

[1] L'idée première de l'avocat Patelin appartient aux clercs de la Basoche. « Il paraît certain, dit La Harpe, que ce fut un personnage réel, que ce Patelin joué sur les tréteaux du xve siècle. Brueys et Palaprat l'ont fort embelli ; mais les scènes principales et plusieurs des meilleures plaisanteries se trouvent dans le vieux français de la farce de *Pierre Patelin*, imprimée en 1656, sur un manuscrit de l'an 1460. »

que les travers réels des personnages se fon-
dent, pour ainsi dire, dans la gaieté générale de
l'œuvre dramatique et prennent eux-mêmes un
air de plaisanterie. Il nous a semblé qu'après
avoir entendu la fiction, il serait intéressant
d'interroger l'histoire et de chercher, dans la
certitude des faits, dégagés de tout badinage,
la part de vérité qui revient à la comédie.

Notre action commence plusieurs années après
la Fronde. Il nous faut pourtant remonter jusqu'à l'époque de ces troubles, pour y retrouver
un nom qui occupe ces pages, et un homme, à
peu près ignoré, mais qui, par son dévouement
et d'intelligents services, eût mérité d'être mis
au nombre des meilleurs citoyens de Bordeaux.

L'histoire de la Fronde est assez connue pour
qu'il ne suffise pas d'en retracer les grandes
lignes. Ce fut d'abord une simple querelle entre
le Parlement et le duc d'Épernon, provoquée
par une exportation de blé. Le vent de guerre
civile qui soufflait de Paris et l'impopularité de
Mazarin firent promptement de cette contestation une révolte armée. On vit alors de graves
magistrats vêtir une armure, ceindre l'épée, se
donner le titre de colonels[1] et, ainsi accoutrés,

(1) Les écrits du temps citent Laroche, Pichon-Muscadet, d'Andrault, Blanc de Polignac, d'Espagnet, Voisin, d'Alesme, etc.

assiéger Libourne ou le château Trompette[1],
livrer des batailles à Camblannes, à La Bastide
et à l'Isle-Saint-Georges.

Ce jeu à la petite guerre, où d'honnêtes conseillers s'étaient jetés quelque peu à l'étourdie,
eut une fin lugubre.

Les princes du sang et d'autres grands seigneurs, furieux de n'être pas les maîtres à la
Cour, intervinrent dans la lutte et un mouvement tout local devint bientôt une levée féodale
contre la couronne.

Plusieurs écrivains ont cru que le prince de
Condé, nommé gouverneur de la Guienne, voulait faire de cette province le centre d'une sou-
veraineté indépendante au-delà de la Loire et
démembrer ainsi le royaume de France. La hâte
qu'il mit à rejoindre son Gouvernement et le
soulèvement général qui suivit pourraient le
faire craindre. Quoi qu'il en soit, Condé, Conti,
son frère, la duchesse de Longueville, les ducs
de Nemours et de La Rochefoucauld se jetèrent
dans Bordeaux[2], avec la pensée d'y organiser
la guerre et d'y concentrer au besoin la résis-
tance. Ils poussèrent les choses au point d'appeler l'Espagne à leurs secours. Ils introduisirent

---

(1) Archives Historiques de la Gironde, t. iv, p. 410.
(2) Le 22 septembre 1651. (Archives Hist. de la Gironde, t. xv, p. 323.)

les soldats de cette nation ennemie dans la
Guienne et leur livrèrent la ville de Bourg[1],
antique place forte qui, au temps des Anglais,
avait eu l'honneur de soutenir plusieurs siéges
et d'arrêter ainsi les entreprises de la France
contre la capitale de l'ancien duché.

Quand les hommes d'un rang supérieur, dont
la mission est de conduire la multitude, lui donnent l'exemple de la révolte, on ne peut espérer
qu'elle ne se lève pas à son tour ; et lorsqu'elle
entre en scène, on sait quel caractère elle donne
d'habitude à ses œuvres. Dès le commencement
de l'année 1652, la Fronde devint la proie d'une
faction composée d'ouvriers, d'artisans, de petits
bourgeois, de quelques conseillers au Parlement
exaltés jusqu'au délire[2], et d'un petit nombre
de gentilshommes besoigneux.

Ils se réunissaient le plus souvent sous une
rangée d'arbres, plantés, au temps du maréchal

---

(1) Bourg, situé sur la Gironde, au confluent des deux fleuves, dans
une position dominante, fut livré aux Espagnols par un accord signé
à Talmont, le 13 janvier 1652, entre Lenet, plénipotentiaire de Condé,
et le baron de Vatteville. (Mémoires de P. Lenet, édition Michaud,
p. 536.) — En janvier 1653, Vatteville quitta la résidence de Bourg et
s'embarqua sur deux navires avec la majeure partie de sa garnison,
ne laissant dans cette place que six cents hommes, tant Espagnols
qu'Irlandais, sous les ordres de D. Joseph Ozorio. (Comte de Cosnac,
Souvenirs du règne de Louis XIV, t. VI, p. 4.)

(2) D'Espagnet, Guyonnet, Trancars, etc.,

de Roquelaure[1], sur l'esplanade qui réunissait le château du Hâ au cimetière de Sainte-Eulalie. Ils durent à cette circonstance le nom d'*Ormistes* ou d'*Ormée*. Ils marchèrent un jour sur l'Hôtel-de-Ville, y prirent du canon et furent assiéger le quartier du Chapeau-Rouge, où habitaient le président Pichon, le sieur du Cornet, le conseiller La Roque et les plus riches bourgeois.— Il y eut un combat terrible, et les Ormistes payèrent chèrement la victoire, car ils laissèrent deux cents hommes sur le terrain[2]. Deux maisons furent livrées au pillage et ensuite incendiées. La fusillade dura plus de quatre heures; il ne fallut pas moins que l'intervention de la duchesse de Longueville et l'arrivée du ' ⸱gé avec le saint sacrement pour mettre fin à ⸱ lutte.

De ce jour, la grande ville, q ⸱ n'obéissait auparavant qu'à ses Jurats, élus régulièrement suivant le mode établi par le livre des Statuts, subit le joug de Frondeurs fanatiques, sans mandat légal, mais organisés en Assemblée déli-

(1) Le maréchal de Roquelaure fut maire de Bordeaux à deux reprises, et en un temps où l'élection appartenait encore à la ville, de 1610 à 1611 et de 1614 à 1617. — En 1610, le maréchal de Roquelaure fut élu « suyvant la volonté du Roy. » (Darnal, *Chronique Bourdeloise*, p. 133.)

(2) Journal de ce qui s'est passé à Bordeaux depuis le 24 juin. (*Collection des Mazarinades*, t. LXXV, nº 45.)

bérante, avec une constitution, un sceau et une
bannière qu'ils s'étaient eux-mêmes donnés.

Le prince de Conti commandait en apparence
cette association démagogique, mais le chef réel
était un ancien boucher, procureur postulant à
l'Hôtel-de-Ville, nommé Dureteste.[1]; — et on a
rappelé souvent en quel rude langage le maître
véritable venait apporter à l'autre les volontés
de la foule.

Les membres du Parlement, si fiers les années
précédentes quand ils n'avaient en face d'eux
que le duc d'Épernon ou le cardinal Mazarin [2],
faisaient triste figure dans ces réunions de corroyeurs, de bourreliers, de menuisiers, de pintiers, d'apothicaires et de marchands de morues,
gens aux habitudes grossières, qui ne dissimu-
laient point leur haine pour des magistrats,
accusés la plupart de tiédeur et quelques-uns
d'intelligence avec le Mazarin.

Les Ormistes avaient formé une *Chambre
d'Exclusion*, qui avait pour mission de chasser

---

(1) La Colonie, *Histoire curieuse et remarquable de la ville et province de Bordeaux*, t. III, p. 373.

(2) En 1650, une députation du Parlement, où figuraient, notamment,
le président Pichon et Orimard, président aux Requêtes, ayant été à
Libourne pour complimenter Louis XIV, affecta de ne pas apercevoir
Mazarin. Ce dernier, placé derrière le fauteuil du Roi, ne reçut ni une
parole ni un salut des conseillers bordelais.

les suspects. Le plus souvent on envoyait à ceux - ci un passeport signé du prince de Conti, avec une injonction à peu près ainsi conçue :

Ayant appris que vous êtes malade, voici une ordonnance pour aller prendre l'air; si dans tout le jour de demain vous n'êtes sorti de la ville, vous serez poignardé et jeté dans la rivière.

Ils expulsèrent ainsi le président Pichon, Montesquieu, Sauvat de Pomiers, Sabourin, Léon de Lescure, Lalanne d'Uzeste, et quelques autres conseillers.

Le 8 octobre 1652, le Roi ayant rendu une déclaration qui transférait le Parlement à Agen, tous ceux de ses membres qui avaient encore le respect d'eux-mêmes en profitèrent pour abandonner au plus tôt la ville terrorisée, et s'en vinrent à Agen constituer un Parlement nouveau [1].

Le premier président Dubernet, partisan de Mazarin et abreuvé d'humiliations par ses collègues, avait depuis longtemps quitté la ville. Le président Daffiz qui l'avait remplacé finit, malgré de beaux semblants de zèle, par inspirer de telles

[1] Dom Devienne, *Histoire de Bordeaux*, t. i, p. 461.

défiances à l'Ormée, qu'il jugea prudent de se
retirer à son tour.

Les conseillers qui restèrent dans Bordeaux y
vécurent dans l'abaissement, méprisés de tous,
comme il arrive aux esprits serviles.

Le Roi ne s'était pas contenté de transférer
le Parlement; il avait envoyé le duc de Candale
et le duc de Vendôme en Guienne, avec des
forces considérables. Vendôme, qui commandait
la flotte, fit construire un fort dans l'île Cazeaux
et intercepta ainsi la rivière. Candale, avec les
troupes de terre, emporta Bergerac, La Réole,
Bazas, Langon et Cadillac, si bien que Bordeaux
se trouva considérablement resserré.

Des hommes de cœur et des femmes d'un
grand courage essayaient, pendant ce temps,
de ramener la ville dans l'obéissance du Roi.
Mme de Lur et le Père Landé, religieux corde-
lier, de l'ordre des Frères Mineurs[1], le Père
Ithier et le Père Berthod[2], cordeliers également, la Mère Angélique, supérieure des Carmélites, le marquis de Théobon, l'un des chefs
militaires de la Fronde, rallié à Mazarin, Mer-

(1) C^t Gabriel-Jules de Cosnac, *Souvenirs du règne de Louis XIV*,
t. VI, p. 398.
(2) Mémoires du Père Berthod, collect. Petitot, t. XLVIII. — Henry
Ribadieu, *Les Négociateurs de Bordeaux*, p. 69 à 123.

laud de Mondenis[1], capitaine dans le régiment
de Théobon, Dussaut, conseiller au Parlement,
Mme de Boucaud, femme d'un autre conseiller à
la Cour, chassé de Bordeaux par les Ormistes,
s'employèrent à nouer des intelligences entre les
bourgeois bien intentionnés et les généraux de
Louis XIV[2]; mais ces tentatives prématurées,
que le menu peuple ne favorisait pas, eurent
forcément le caractère de complots, et, pour
le moment du moins, ne purent aboutir.

Quelques agents furent même victimes de leur
zèle à combattre l'Ormée. Un avocat nommé
Chevalier, messager de Théobon, fut pendu
devant l'Hôtel-de-Ville; Jacques Filhot, trésorier de France à Montauban, trahi par un des
conjurés, fut mis à la torture, et subit pendant
quatre heures des tourments affreux; Raymond
de Litterie, bourgeois de Bordeaux, accusé de
relations au dehors, particulièrement avec Can-

(1) Voyez dans les Actes de l'Académie de Bordeaux, 1870, p. 351 à
358, une curieuse étude de M. Léo Drouyn sur André Merlaud, sieur
de Mondenis, personnage dont aucun historien n'avait parlé jusqu'à
ce jour, pas même M. de Cosnac, bien que son remarquable ouvrage,
sur la minorité de Louis XIV, abonde en renseignements inédits tirés
des Archives de nos ministères et des divers fonds de la Bibliothèque
Nationale.

(2) Les intel'igences formées, dit M. de Cosnac, devaient aboutir à
livrer une porte de la ville aux troupes royales, but que s'étaient pro-
posé sans exception toutes les conspirations précédentes. (Souvenirs
du règne de Louis XIV, t. VII, p. 227.)

dale, fut jeté en prison par les Ormistes, *avec péril de sa vie*, au dire d'un acte contemporain [1].

Pour que la réaction se fît, il fallait que le mouvement eût lieu au grand jour et qu'il eût à sa tète les hommes les plus considérables de la cité. En d'autres temps, c'eût été le rôle du Parlement de Guienne; mais on a vu ce qu'il restait de conseillers à Bordeaux et le crédit dont ils jouissaient. Ils se mouraient de peur; on les traitait déjà de *paignotes* [2], et on les avait en si mince considération, qu'eussent-ils tenté un effort, ils n'auraient trouvé personne pour marcher avec eux. On le vit bien, un peu plus tard, quand le vent eut tourné : ils voulurent alors négocier ou traiter à leur tour; on leur fit dire qu'ils n'eussent pas à se mêler des affaires, le Parlement n'ayant plus de séance légitime qu'à Agen, où le Roi l'avait relégué. On sut qu'ils s'étaient réunis dans une maison particulière; on leur envoya dire que, s'ils ne se séparaient pas immédiatement, on allait les charger.

Il y avait encore la Jurade. Malheureusement

---

(1) Extrait des Lettres patentes du Roi octroyées aux sieurs de Montlenis et de Litterie, publié par M. Léo Drouyn. (Actes de l'Académie de Bordeaux, 1879, p. 349.)

(2) Archives Hist. de la Gironde, t. xv, p. 339 et 349.

celle-ci, pour être moins compromise que le
Parlement, n'en était pas moins engagée dans
la révolution. Les élections du 1er août 1652
s'étaient faites sous l'influence de l'Ormée et
avaient élevé à la représentation municipale des
Frondeurs dévoués au prince de Conti; les
Jurats étaient donc, comme lui, dominés par les
factieux. Ils venaient, en outre, de se jeter dans
une entreprise tout-à-fait criminelle en prêtant
leur patronage à certaines négociations qui s'ou-
vraient à Londres[1] pour obtenir l'appui des
Anglais.

D'une modération relative, ils eurent le sort
des hommes qui croient pouvoir garder l'équili-
bre entre les partis extrêmes. Mal vus des uns,
abandonnés des autres, ils avaient perdu toute
influence. Depuis longtemps, la milice bour-
geoise ne répondait plus à leur appel; elle se
riait de leurs ordres, et, aux jours d'émeute,
quand les chaînes étaient tendues, ils n'osaient
paraître dans les rues.

Un seul corps était resté à l'écart, pur de
connivences, et avait conservé cette liberté
d'allures qui permet de regarder le mal en face,
voire même de l'arrêter quand le moment d'agir

---

[1] Lenet, *Mémoires inédits*, Coll. Michaud, t. xxiv, p. 605.

est venu. Aux jours de crise, ces magistrats
imposent le respect à la foule, et ils ont bientôt
groupé autour d'eux les bons citoyens, las de
la tyrannie qu'elle vienne d'une faction ou d'un
homme. Ainsi étaient les membres du Sénéchal-
Présidial de Guienne.

Les Présidiaux étaient des tribunaux inter-
médiaires qu'Henri II avait établis dans les
sénéchaussées pour juger en dernier ressort les
procès dont l'objet ne dépassait pas 250 livres
de capital ou 10 livres de revenu [1]. Au criminel,
ils connaissaient du crime de lèse-majesté, du
sacrilége, de la rébellion aux commandements
du Roi, du port d'armes, des assemblées illicites,
des séditions populaires, du rapt et de l'enlève-
ment des personnes [2]. Outre le procureur et
l'avocat du Roi, ils étaient habituellement com-
posés d'un lieutenant général, d'un lieutenant
particulier et de sept conseillers magistrats. —
Celui de Bordeaux comptait, en 1562, douze
conseillers dits de Guienne [3]; mais ce nombre
fut diminué plus tard, et, deux siècles après, en
1760, il était réduit à quatre ou cinq.

(1) Gauret, *Style universel de toutes les Cours et Juridictions du Royaume,* 1701, t. i, p. 177.
(2) Gauret, ibidem, t. ii, p. 57.
(3) Boscheron des Portes, *Histoire du Parlement de Bordeaux,* t. i, p. 114.

A l'origine même de la Fronde, le Présidial de Guienne fit l'impossible pour empêcher les troubles de naître[1], et, au plus fort de la tourmente, il avait refusé son concours à toute mesure qui eût pu avoir l'apparence d'une adhésion à la révolte. De même, en 1653, il employa toutes ses forces pour rendre la confiance aux bons citoyens, éteindre le désordre et rétablir dans Bordeaux l'autorité du Roi.

La situation des Frondeurs empirait chaque jour. Bourg, qui était leur poste avancé du côté de la mer, venait de se rendre[2]; un détachement de l'armée royale assiégeait Libourne[3], et Bordeaux, bloqué du côté de Lormont par la flotte de Vendôme, à Bègles par l'armée de Candale, était à peu près investi de toutes parts.

(1) Archives Historiques de la Gironde, t. xv, p. 437.

(2) La tranchée fut ouverte le 29 juin 1653, et la capitulation eut lieu le 5 juillet, après une violente canonnade et une attaque héroïque du comte d'Estrades. (Archives Hist. de la Gironde, t. xv, p. 331-335. — Une lettre inédite adressée au cardinal Mazarin contient ce passage : « Tout le monde chante ici les louanges de M. d'Estrades, qui certainement a fait tout ce qui se peut au monde; c'est lui qui a toujours poussé la tranchée le plus advant. » (Comte de Cosnac, Souvenirs du règne de Louis XIV, t. vii, p. 278.)

« Don Joseph Ozorio, qui commandait dedans, dit Baltazar, se défendit très-mal et se rendit par capitulation. » (Hist. de la Guerre de Guienne, p. 113.)

(3) Libourne ouvrit ses portes le 17 juillet au comte d'Estrades. On trouvera dans la Relation du siège de Dunkerque, etc., publiée par M. Tamizey de Larroque, p. 63, une lettre de M. d'Estrades au cardinal Mazarin qui donne, sur la reddition, d'intéressants détails.

On pouvait craindre la famine et les marchands
de la Rousselle commençaient, en effet, à fermer
leurs boutiques, disant qu'ils n'avaient plus rien
à vendre[1].

Le péril avait aiguillonné l'Ormée. Ses membres venaient d'introduire dans Bordeaux le
colonel Baltazar[2] et de faire un appel déses-
péré au roi d'Espagne : « — Venez, venez,
disait une lettre de Conti au marquis de Sainte-
Croix[3]; venez, ou tout est perdu... Si vous
venez vite, tout est à nous, et notre victoire est
certaine[4]. »

On apprit, enfin, par le comte de Fiesque,
débarqué à La Teste et venu en toute hâte à
Bordeaux, que la flotte espagnole allait entrer
en Gironde. Aussi, dans une grande réunion de
l'Hôtel-de-Ville, où l'on manda les députés de
tous les corps, c'est à peine s'il y eut trois ou

(1) Archives Hist. de la Gironde, t. xv, p. 338.

(2) Baltazar était une espèce de condottière allemand qui commandait un régiment de Suisses. Après avoir porté les armes un peu partout, servi la Suède et la France, il s'était mis à la solde de Condé. Il prit une part considérable à la guerre de Guienne, dont il a laissé un récit souvent consulté. On le voit parcourir avec son régiment la Saintonge, le Bourgez, le Gubzaguais, le Périgord, l'Agenais et les Landes, tantôt victorieux et le plus souvent battu. Il se vante d'être entré à Bordeaux à la tête de cent chevaux. Il arrivait de Tartas où était son dernier cantonnement. — Voyez l'*Histoire de la Guerre de Guienne*, p. 118.

(3) Amiral espagnol.

(4) Archives Hist. de la Gironde, t. xv, p. 327.

quatre voix assez intrépides pour demander la
fin de la guerre. Il faut dire que les Ormistes,
redoublant de fureur, avaient des paroles terribles. Villars, l'un d'entr'eux, plus à craindre
peut-être que Dureteste, car il montrait plus
d'ambition et moins de franchise[1], disait « qu'il
fallait jeter sur le carreau tous les partisans de
la paix[2]. » Il avait une compagnie de cent
gardes, dont huit ou dix le suivaient publique-
ment jusque dans les salles du prince de Conti,
de la duchesse de Longueville et des autres
Altesses qui se trouvaient alors à Bordeaux[3].
La veille ou deux jours avant, le comte de
Marsin ayant manifesté le dessein d'aller forcer
avec du canon une barricade commencée dans
la rue Neuve, Villars proposa du même coup
de piller les maisons.

Pendant que les Ormistes se répandaient en
paroles menaçantes, Baltazar, Marsin, Lenet
et les autres chefs de la Fronde multipliaient
les déclarations qui pouvaient rassurer les bour-

(1) Villars était un gentilhomme favori du prince de Conti. Il avait
une sœur au couvent des Carmélites et fut un instant affilié à l'un des
complots dirigé par la Mère Angélique. Villars le fit lui-même
échouer en le dévoilant au prince.

(2) Comte de Cosnac, *Souvenirs du règne de Louis XIV*, t. VII,
p. 315.

(3) Le duc d'Enghien et la princesse de Condé sa mère.

geois. — « Il y avait, disaient-ils, pour dix mois
de vivres[1]. Les Espagnols approchaient ; on
allait avoir en abondance de l'argent, des munitions, des soldats. » Enfin, à les croire, les avant-
gardes des deux flottes s'étaient rencontrées,
et celle de M. de Vendôme venait d'être battue !

Sans s'arrêter à ces clameurs, le Présidial
députa quelques-uns des siens vers le prince de
Conti, représentant officiel de l'Ormée, pour lui
dire que la paix était nécessaire, qu'ils la
voulaient, qu'il fallait la donner[2].

Les Secrétaires du Roi firent de même ; la plupart des corps religieux, le Chapitre de Saint-
André, les ministres protestants, se rendirent à
l'Hôtel-de-Ville pour le même objet ; un grand
nombre d'avocats allèrent aussi trouver le prince,
si bien que celui-ci, visiblement impressionné,
finit par répondre « qu'il voulait la paix plus que
personne, mais qu'il voulait qu'elle fût solide. »

Les écrits de l'époque, auxquels nous devons
de connaître la démarche du Présidial, ne dési-
gnent pas autrement les hommes courageux qui
osèrent ainsi braver la faction maîtresse de

---

(1) Baltazar, *Histoire de la Guerre de Guienne*, p. 188.
(2) Cette manifestation du Présidial et des autres corps eut lieu le
12 juillet 1653, selon Dom Devienne, t. I, p. 471 ; le 10 juillet, d'après les
Archives Hist. de la Gironde, t. xv, p. 310.

Bordeaux. Seul, l'historien Dom Devienne cite Lafargue, conseiller au Présidial, et Baritaut, lieutenant particulier[1]. Une lettre du duc d'Épernon au cardinal Mazarin[2] et une étude de Pierre Clément sur l'administration de la police au temps de Louis XIV[3] mentionnent bien le sieur de La Reynie président au Présidial; d'un autre côté, il résulte de ces pièces même que Nicolas de La Reynie n'était plus à Bordeaux le 8 avril 1653. Homme de résolution, il avait, dès le commencement des troubles, pris parti pour l'autorité royale. Sa maison fut pillée, et il se vit obligé de chercher un refuge chez le duc d'Épernon. Celui-ci le recommanda à Mazarin comme un homme qui pouvait le renseigner sur la réduction de la province; mais La Reynie ne put travailler dans Bordeaux à cette réduction avec les autres membres du Présidial.

A Lafargue et au lieutenant particulier, il serait mieux d'adjoindre Salomon de Virelade, conseiller du Roi au Grand Conseil[4], qui trai-

(1) *Histoire de la ville de Bordeaux*, t. i, p. 471 et 471.
(2) Archives Hist. de la Gironde, t. vii, p. 329.
(3) Pierre Clément, *Nicolas de La Reynie*, dans la *Revue des Deux-Mondes*, 1861, t. ii, p. 801 à 802.
(4) P. Berthod, *Mémoires.* — Théophile Malvezin, *Michel Montaigne*, p. 187. — Archives Hist. de la Gironde, t. xv, p. 357.

tait en ce moment avec Jean de Gaufreteau pour la charge de lieutenant général [1], et que les officiers de ce corps, s'il faut en croire une lettre du postulant lui-même, « regardaient déjà comme leur chef [2]. »

En réalité, ces trois hommes paraissent avoir eu la direction du mouvement, et on découvre leur main dans la plupart des mesures qui amenèrent le renversement définitif de l'Ormée.

Le Manuscrit de l'Annonciade a, sur le moins connu de ces personnages, quelques particularités intéressantes. Guillaume de Lafargue, « conseiller magistrat présidial en Guyenne, » — tel est son titre, — semblerait au premier abord avoir appartenu à la religion réformée. Le fait cependant est fort douteux, et les difficultés que le cas soulève se présenteront en leur temps à l'esprit du lecteur. En dehors de sa charge et de quelques valeurs mobilières, Guil-

(1) Dans son *Essai Généalogique sur la maison de Gaufreteau,* œuvre d'une grande érudition, M. Jules Delpit ne relate aucun fait qui dénote la participation de Jean IX de Gaufreteau aux luttes du Présidial contre l'Ormée. Tous les historiens se taisent également sur le lieutenant général. La vente de cette charge, qui fut faite plus tard à Salomon de Virelade, se négociait sans doute en 1653, et Jean de Gaufreteau dut abandonner volontiers à son futur successeur un rôle que son âge (il avait soixante-neuf ans) lui permettait difficilement de remplir.

(2) Archives Hist. de la Gironde, t. xv, p. 414.

laume de Lafargue avait peu de fortune ; on ne
lui voit d'autre propriété qu'une maison avec un
clos de vigne et de terres labourables, situés au
Mas, près de Bourg-sur-Mer[1], et un chay avec
ses appartenances dans la même ville[2].

Peut-être faudrait-il y joindre une maison
dans Bordeaux, car la plupart des magistrats
étaient alors propriétaires des logis qu'ils occu-
paient ; mais le silence de nos documents sur ce
point n'autorise encore qu'une conjecture. Il venait d'épouser la fille d'un voisin de campagne,
Yzabeau de Laroque, qui lui avait apporté ses
droits présents ou à venir sur le « bourdieu » de
Belleroque, espèce d'enclave ou plutôt ancienne
dépendance de l'abbaye de Saint-Vincent[3],
situé, comme la maison du Mas, dans la banlieue
de Bourg[4]. Cette position, à coup sûr modeste,
mettait le conseiller Lafargue plutôt à côté de

(1) Le *Mas*, aujourd'hui l'hospice de Bourg. (Manuscrit de l'Annonciade, fol. 29 v°.)

(2) Mns. de l'Annonciade, f° 31.

(3) Le bourdieu « confrontait du levant à l'ayre, sol et terre dépen-
dante de l'abbaye Saint-Vincent de Bourg... du couchant à un chemin
qui va sur le port de ladite ville... » — Diverses exporles des 19 mai
1500, 4 juin 1603 et 13 octobre 1735, montrent que partie de ces terres
étaient fiefs du « chapitre et pitance de l'abbaye, » au devoir de 2 deniers tournois d'exporle et au *quint* de tous les fruits.

(4) Ajoutons, pour être complet : « Une maison dans la grande rue
de Bourg, au coin de la rue qui va sur la *Bataillère*. » (Mns. de l'Annonciade, f° 4.)

la bourgeoisie que de la noblesse ou de la haute
magistrature, mais elle le plaçait, du même
coup, dans le milieu où il devait agir.

Les bourgeois qui, par découragement ou par
crainte, s'étaient éloignés du service militaire,
se rendirent en armes avec leurs valets aux
portes de la ville pour y monter la garde et y
faire en même temps la revue de leurs forces.
Il n'était pas douteux qu'ils n'arrivassent par
leur nombre à dominer les capitaines de la
Fronde, lesquels étaient gagés et n'avaient que
vingt-cinq hommes par compagnie.

Lafargue, Virolade, Baritaut [1] et une vingtaine de citoyens non moins énergiques [2],
décidés comme eux à secouer le joug de la
populace, se mêlèrent ainsi aux troupes de
l'Ormée pour s'y faire le plus de partisans possible. Guillaume de Lafargue, particulièrement,
entra dans la compagnie de Blanzin, l'un des
principaux parmi les Ormistes, et y recruta de
nombreux adhérents [3]. Les Présidiaux et leurs
amis encourageaient en même temps les marchands à se réunir. Ils firent cacher les farines

---

(1) Géraud de Baritaut était encore lieutenant particulier en 1660.
(Archives Hist. de la Gironde, t. xv, p. 576.)

(2) Bacalan, avocat général en la Chambre de l'Édit, Suau, Mercier,
avocat du Roi, Pontac-Beautiran, greffier en chef du Parlement, etc.

(3) Dom Devienne, Hist. de Bordeaux, p. 471.

et répandirent le bruit que l'on allait bientôt
manquer de pain. « Leur action incessante sur
l'opinion, dit Boscheron des Portes, à l'aide
d'assemblées tenues à la Bourse, où l'intérêt de
la partie commerçante de la population à une
conclusion pacifique était habilement démontré
et mêlé à des considérations politiques, finit par
être couronnée de succès[1]. »

En peu de jours l'aspect de Bordeaux fut
changé.

« Le peuple de cette ville là, — écrit un
témoin oculaire, — qui jusqu'ici a témoigné une
aversion épouvantable pour la paix, ne dit plus
autre chose par les rues que la Paix! la Paix!
et ceux-là même qui criaient, il y a trois jours :
Vive le Prince ! crient à cette heure : *Vive le Roy!*

» Samedi dernier[2], la jeunesse de la ville se
mit sous les armes au nombre de trois ou quatre
mille hommes, et les bourgeois, qui gardaient
les portes, voulurent aussi garder l'Hôtel-de-
Ville, afin d'empêcher M. le prince de Conti de
s'en rendre le maître absolu. Il est bien logé
dedans, mais il n'y commande pas; la bourgeoisie y fait garde...

(1) Boscheron des Portes, *Histoire du Parlement de Bordeaux*,
t. ii, p. 175.
(2) Le 20 juillet 1653.

» Ce même jour, l'Ormée perdit ses chefs. Dureteste et Villars ne parurent plus, et, le dimanche, cette canaille fut tout-à-fait détruite. La ville se mit en armes pour demander la paix et les pavillons blancs furent arborés sur les clochers des églises, au lieu des enseignes rouges que les Ormistes y avaient mis. Les passeports de M. de Conti, pour faire sortir le monde, ne furent plus reconnus, et les gardes de Son Altesse, qui conduisaient un bourgeois hors de la ville pour l'en chasser, se le virent arracher des mains par les autres bourgeois qui gardaient la porte des Salinières [1]. »

Il n'y avait plus qu'à régulariser le mouvement et à lui enlever le caractère tumultueux qu'ont nécessairement les réactions populaires. Il fallait, d'ailleurs, puisqu'on voulait se rendre, entrer en relation avec les ducs campés aux abords de la ville. Douze commissaires désignés dans une assemblée préparatoire tenue chez l'archevêque [2], en présence de Conti, de Lenet, de Marsin [3] et du colonel Baltazar, c'est-à-dire

---

[1] Archives Hist. de la Gironde, t. xv, p. 351.

[2] Henri de Béthune.

[3] Le comte de Marsin ou Marchin, originaire du pays de Liége, lieutenant général dans l'armée de Condé, s'était attaché, dès l'origine de la Fronde, à la fortune de ce prince, et fut son principal chef de guerre en Guienne.

des chefs militaires ou politiques de la Fronde,
fut chargée d'étudier les moyens d'arriver à un
bon accommodement.

A côté de Baritaut, on y voyait le président
La Tréne, deux conseillers au Parlement et
quelques avocats. Soit que les marchands ne
trouvassent point de leur goût une Commission
organisée sous les yeux et avec l'assentiment
des rebelles, soit tout autre motif, ils voulurent
travailler à l'œuvre commune par des hommes
de leur choix; ils nommèrent ainsi douze autres
commissaires pour former à la Bourse une
Chambre qui représentât plus particulièrement
l'Assemblée des bourgeois.

Guillaume de Lafargue s'était trop dévoué
à la paix pour n'être pas en quelque sorte
nommé d'avance; aussi le trouve-t-on au rang
des premiers élus[1], et, par ce qu'il avait fait
jusqu'alors, on peut juger du soin qu'il apporta
à déjouer les manœuvres des Frondeurs les plus
obstinés.

On savait déjà, par des négociateurs officieux,
que le Roi accorderait une amnistie à peu près
générale et laisserait la famille de Condé sortir
de la ville. On envoya deux députés aux chefs

(1) Dom Devienne, *Hist. de Bordeaux*, p. 474.

de l'armée royale, avec la charge de faire sur
ce terrain l'offre de la soumission. Vendôme et
Candale, qui venaient d'apprendre l'arrivée de
la flotte espagnole à Royan[1], n'étaient pas fâ-
chés de la devancer et d'entrer à Bordeaux sans
coup férir; ils se montrèrent donc on ne peut
plus favorables aux ouvertures des Bordelais.
Au grand désespoir de Marsin, de Lenet et d'un
petit nombre de rebelles acharnés qui exhalaient
les derniers souffles de leur fureur, l'accord se
fit sur tous les points, et le 27 juillet, le chevalier
de Thodias, premier jurat, fut envoyé à Lormont avec le président La Trêne, Virelade,
Baritaut et huit ou dix autres, moins pour signer
la paix que pour complimenter les ducs.

Lafargue ne figura point dans cette dernière
députation; laquelle, à vrai dire, n'avait plus à
traiter qu'une question de forme. L'œuvre
morale accomplie, il abandonna à de plus ambi-
tieux ou à de plus haut montés le bénéfice d'une
démonstration   toute d'apparat [2], et rentra

(1) Archives Hist. de la Gironde, t. xv, p. 361 et 374.
(2) « Il y eut, dit Dom Devienne, une discussion entre le président
La Trêne et le chevalier de Thodias pour savoir qui complimenteroit
les ducs; mais on décida en faveur du dernier sur ce que le président
n'avoit point été député comme membre du Parlement, mais comme
bourgeois et habitant de Bordeaux. Les députés s'étant rendus à Lormont, trouvèrent à leur débarquement les carrosses du duc de Vendôme qui les attendoient, etc. »

dans l'ombre d'où l'avaient tiré pour un jour les dangers de la patrie. Il n'emportait pas moins avec lui une bonne part de ce bel éloge, que l'on trouve tout au long dans une lettre de M. de Candale au cardinal Mazarin :

« Les officiers du Sénéchal et Présidial de
» cette ville ont si utilement servi Sa Majesté,
» dans la réduction d'icelle en son obéissance,
» et si fort contribué à fortifier par leur exemple
» les intentions des bons bourgeois, que j'ai cru,
» Monsieur, devoir rendre en leur faveur ce
» témoignage[1]. »

(1) Archives Hist. de la Gironde, t. xv, p. 433.

CHAPITRE II

LES FRUITS DE LA GUERRE CIVILE

Bordeaux ouvrit ses portes le 3 août 1653.
Dix mille bourgeois sous les armes reçurent les
ducs avec force démonstrations joyeuses, et le
soir, à la Bourse, un banquet de soixante couverts, où il n'est pas difficile d'entrevoir une
pointe de malice gasconne, fut offert aux vain-
queurs. Cinq services de viandes, cinq services
de fruits avec une profusion incroyable de mets
les plus délicats et les plus variés vinrent prou-
ver aux deux généraux que le blocus avait des
lacunes, et que, si la crainte de la famine avait
amené la reddition de la ville, la bonne volonté
des habitants y avait au moins une part.

Une centaine de factieux, exclus de l'amnistie,
furent bannis, et six d'entr'eux condamnés à
mort. Par la fuite ou par protection, la plupart échappèrent au supplice. L'ancien boucher
Dureteste, payant seul pour tous les autres, fut
roué vif, le 11 février 1654, sur la place du

Palais, après avoir fait amende honorable, la torche au poing, devant l'église Saint-André[1].

Guillaume de Lafargue ne jouit pas longtemps des années d'un calme relatif qui suivirent. Il mourut en 1657, jeune encore, trop tôt surtout pour l'avenir de sa maison, laissant, après lui, quatre enfants d'un âge fort tendre et une femme inexpérimentée.

Nous sommes au seuil du foyer domestique. Hélas! nous n'y trouverons pas le spectacle de cette prospérité qu'aurait pu donner, au retour de la paix, la ferme direction du chef de famille. Que la paix soit elle-même peu sûre, qu'au fond la société reste grandement troublée, combien plus se fera sentir l'absence au gouvernail d'une main virile!

Catherine, Étienne, Jeanne et Marie, les quatre enfants du magistrat présidial, se trouvèrent, dès le berceau, sous la tutelle d'une femme, bien faite sans doute pour leur donner les soins que demande le premier âge, mais inhabile à défendre ou à gérer les intérêts de successions prématurément ouvertes. Mme de Lafargue n'avait pas seulement perdu son mari; elle

---

(1) *Lettres, Mémoires et Négociations de M. le comte d'Estrades*, édition 1719, t. i, p. 167. — Tamizey de Larroque, *Défense de Dunkerque et lettres inédites du comte d'Estrades*, p. 81.

n'avait plus à cette époque ni son père ni sa mère. Il lui restait une sœur ; mais comme l'intention de celle-ci était de se faire religieuse, elle avait à lui tenir compte de sa part de l'héritage commun. On n'a pas oublié qu'il se composait d'un petit bien de campagne ou *bourdieu*[1] et d'une maison dans la grand'rue de Bourg.

Livrée ainsi à elle-même, en présence de difficultés de plusieurs sortes, surtout de difficultés financières, Mme de Lafargue aurait eu besoin d'un guide éclairé, en même temps qu'énergique. Elle ne paraît avoir eu d'autre conseil que son beau-père, Robert Lafargue, vieillard assez faible par nature, et qui, du reste, ne tarda pas à mourir.

Le premier acte de notre veuve fut un contrat passé avec sa sœur, Catherine de Laroque[2], au moment où celle-ci entrait au couvent de l'*Annonciade*, à Bordeaux. Catherine y fit l'abandon de tous ses droits, moyennant une obligation de 3,400 livres de capital, à titre d'*aumône dotale*, 500 livres de *légat* et 50 livres de pension via-

---

(1) *Bourdieu*, probablement parce que ce genre de biens, d'une petite étendue, étaient travaillés par des bordiers qui habitaient sur les lieux.

(2) Le 23 janvier 1658. — Voyez Mns. de l'Annonciade, f° 12 v°, 41 v°, 56.

gère[1], charge assez lourde pour la mère de famille et que pouvait tout au plus compenser l'entière possession des biens.

A cette première cause de gêne, vinrent s'ajouter bientôt de plus sérieux embarras. De ce jour, on voit Mme de Lafargue, « Yzabeau de Laroque », faire, par contrat, nombre de ventes et d'emprunts qui indiquent de continuels besoins d'argent.

Le 19 février 1659, en participation avec son beau-père, qui avait consenti à se joindre à elle pour un tiers, elle emprunte à Jean de Suau, conseiller et secrétaire du Roi[2], la somme de 1,600 livres[3].

Le 24 novembre 1659, — son beau-père mort,

---

(1) Les deux derniers articles (le *légat* et la pension viagère) furent constitués par deux actes séparés, portant le nom de *Testament* et de *Codicile*, à la date des 15 et 29 février 1659. — Ils durent être rédigés à la fin du noviciat de Catherine de Laroque, peu de jours avant ses vœux définitifs. (Voir, chapitre vii, la signification qu'avaient, sous l'ancien régime, les testaments de cette nature.)

(2) Jean de Suau, « conseiller et secrétaire du Roi, maison et couronne de France, » est aussi qualifié « escuyer. » — Il y avait, à cette époque, plusieurs Suau en Guienne ; le plus connu était greffier au Parlement de Bordeaux. Dom Devienne, Pontellier, les Archives Historiques de la Gironde, t. xv, les Actes de l'Académie (année 1873), reproduisent divers actes datés de 1652 à 1659 et *collationnés* Suau. — Le 13 juillet 1653, un Suau entra avec Guillaume de Lafargue dans la compagnie de Blanzin pour ruiner l'influence de ce capitaine de l'Ormée.

(3) Mns. de l'Annonciade, f° 31 et 61.

— elle vend un chay situé à Bourg, et provenant de son hérédité, moyennant 350 livres[1].

Le 26 avril 1660, elle cède à Antoine Giraud, au prix de 300 livres, une pièce de terre et de vignes avec maison, située au bourg du Mas, paroisse de Bourg, le tout d'une contenance de deux journaux et provenant de l'hérédité de son mari.

Le 15 avril 1661, elle emprunte à M. Denis de Vincens, conseiller du Roi et son avocat général à la Chambre de l'Édit de Guienne[2], la somme de 600 livres.

Le 25 mars 1662, elle vend à Jean Pastoureau, *chasteau Gaillard*[3], bourgeois de Bourg, sa maison de la grand'rue, dans le quartier de la *Bataillère*, moyennant la somme de 2,400 liv.

Le 5 mars 1664, elle signe un arrêté de compte avec son apothicaire de Bordeaux, Jean de Courtis, et y joint une promesse de paiement.

---

(1) La vente est faite en faveur d'un sieur Pierre Blanq « charpentier -- de barriques. »

(2) *Aliàs*, « avocat du Roy à la Cour des Aydes. » — Il ressort des pièces que Denis de Vincens appartenait, en réalité, à la Chambre de l'Édit.

(3) Un Pastoureau exerçait, à la fin du xvii° siècle, les fonctions d'huissier dans la juridiction de Bourg. — En 1791, un autre Pastoureau était commissaire du district. — Le Bourgez possède encore plusieurs familles de ce nom, qui paraît avoir été très-répandu à toutes les époques.

Il va sans dire que cette promesse, pas plus
que beaucoup d'autres, ne fut tenue. Mme Yzabeau
de Lafargue ne satisfait ni aux obligations qu'elle
a prises, ni au paiement des intérêts qu'elle doit.
Mme de La Chèze, Mère Ancelle, supérieure du
couvent de l'*Annonciade*, où s'est retirée la sœur
Catherine de Laroque, et qui la représente, ne
reçoit ni capital, ni intérêts de l'aumône dotale ;
la pension viagère de 50 livres n'est pas payée.
Jean de Suau est dans le cas de la Mère Ancelle.
Il menace Yzabeau de la poursuivre ; sa débitrice lui cède une créance sur M. Jean de Lafaurie, conseiller du Roi en Guienne[1]. La créance
est de 2,040 livres ; elle a beau être d'un chiffre
élevé, on n'en tire pas un écu.

De son côté, le conseiller Denis de Vincens
ne voit rien venir, et, en 1668, il meurt sans
avoir reçu d'argent[2]. Sa veuve, Marguerite de
Belrieu, n'est pas plus heureuse ; et celle-ci pourtant n'était pas de ces femmes qui reculent
devant les moyens pour obtenir ce qu'elles ont
le droit d'exiger.

La maison de Mme Yzabeau, à Bourg, devait,

(1) Le xviie siècle ne montre, — au moins à notre connaissance, —
aucun autre sieur de Lafaurie dans la magistrature. — Ce nom repa-
raît au xviiie, en 1741, dans la personne de Christophe de Lafaurie de
Monbadon, conseiller au Parlement, Chambre des Enquêtes.

(2) Mns. de l'Annonciade, f° 47 v°.

à ce même Vincens, en sa qualité de seigneur foncier et direct, 15 sous de rente annuelle[1]. Il y avait, à l'époque où nous sommes parvenus (1669), quinze ou seize ans que cette faible somme n'avait été payée.

Le bourdieu de Belleroque, aux termes d'une reconnaissance de Daniel Paul, en date du 17 septembre 1604, était « mouvant de la maison noble de Tayac [2], au devoir de 2 deniers bourdeloys d'exporles, sous la rente foncière et directe de 10 sols[3], payables à la saint Martin de chaque année[4]. » Par négligence ou pour d'autres raisons, ces droits seigneuriaux n'avaient pas été réglés depuis un temps immémo-

---

(1) Mns. de l'Annonciade, f° 40.

(2) La maison noble de Tayac, paroisse de Bayon, avait pour titulaire, au commencement du xviiᵉ siècle, François de Fournel, et, plus tard, vers l'an 1660, Razac de Fournel. — Le sieur de Tayac et Saugeron était un des deux cent vingt hommes nobles du pays de Guienne, sujets au ban et à l'arrière ban. Il est mentionné à l'article *Bourgès* parmi ceux qui furent « convoqués à Sain Saurin lès Bourdeaux, » le 15 juin 1594. (Archives Hist. de la Gironde, t. i, p. 421.)

Le château de Tayac, situé sur le pittoresque plateau qui domine la Gironde, appartient aujourd'hui à Mᵐᵉ Marsaud, et à ses filles Mᵐᵉ Ramat et Mᵐᵉ Dessandier.

(3) On a vu plus haut que le *bourdieu* de Belleroque était, pour partie de ses terres, fief de l'abbaye de Saint-Vincent. — Avant 1789, la propriété était déjà beaucoup plus divisée qu'on ne le croit généralement. Le petit bien de campagne dont il est ici question en fournit une preuve. Malgré son peu d'étendue, il ne comptait pas moins de quatre ou cinq seigneurs : l'abbaye, la maison de Tayac, la maison d'Esconges, M. de Lansac, M. de Boucaud, etc.

(4) Mns. de l'Annonciade, f° 23 v°, 29, 71.

rial. Il eût fallu remonter jusqu'à l'époque de la
Fronde pour en avoir les dernières quittances.

Au commencement de la gestion de Mme de Lafargue, — à la mort de son mari, et surtout à
celle de son beau-père, — il s'était trouvé de
« grands effets, en grains, vins, argent, monnaie, meubles et dettes actives, » provenant de
leur hérédité ; elle s'en était emparée, sans en
faire aucun inventaire. Elle les ménagea si mal,
qu'ils furent bientôt consumés [1].

Cette conduite des affaires, qui mettait la
« dissipation » là où il eût fallu la plus sévère
économie, aboutit à une catastrophe.

Le 30 juin 1669, Mme de La Chèze [2], la supérieure de l'Annonciade, fatiguée d'attendre, bien
sûre que la pension ne serait jamais payée,
tenue d'ailleurs d'agir pour la communauté, « fit

(1) Mns. de l'Annonciade, f° 36 v°, 37.
(2) Les La Chèze étaient de race parlementaire ; ils figurent dans les
documents contemporains de 1590 à 1655, avec le titre de conseillers
catholiques à la Chambre de l'Édit, ou de conseillers au Parlement. —
En 1529, Léonard de La Chèze épouse Antoinette de Montaigne. (Malvezin, *Michel de Montaigne, son origine, sa famille,* p. 86 et 108.) —
En octobre 1653, le conseiller La Chèze figure dans la liste des membres à exclure du Parlement avec Guyonnet, Duduc, Espagnet, Leblanc
de Mauvezin, Bordes, etc. (Archives Hist. de la Gironde, t. xv, p. 451.)
— En 1656, le marquis d'Épinay Saint-Luc, gouverneur et lieutenant
du Roy, est logé, le jour de son entrée à Bordeaux, chez « Monsieur La
Chèze, » conseiller au Parlement, honneur qui indique suffisamment
l'importance de la famille. (Voir Pontellier, *Chron. bourd.* à sa date.)

procéder, en qualité de créancière, par *saisies* et *criées,* sur les biens situés dans la juridiction de Bourg[1]. »

A lire la procédure, les prodigalités de la mère auraient seules amené la ruine des enfants. Sans doute, ce fut là une des causes, et la principale à coup sûr; mais les circonstances n'y furent-elles point pour un peu? — Ce ne fut pas une époque ordinaire que celle où vécut Mme de Lafargue, et il serait peut-être équitable d'en retracer le tableau, ne fût-ce que pour montrer au prix de quels efforts on pouvait traverser impunément ces temps difficiles.

Tant que dura la révolte à Bordeaux, la province fut un champ de bataille que se disputèrent les bandes ennemies des Mazarins et des Frondeurs. Ces troupes, mal payées et sans discipline, en firent un théâtre de meurtres, de pillage, d'incendie, de toutes les horreurs, en un mot, que produit la guerre.

Beaucoup d'habitants des pays ravagés, hommes de race, roturiers ou gens de basse condition, se mêlèrent à ces luttes et y contractèrent des habitudes de violence ou de vagabondage qui ne disparurent point avec la Fronde.

_____

(1) Mns. de l'Annonciade, f° 6.

On en trouve la preuve dix, quinze et même vingt ans plus tard dans les procès-verbaux des officiers de justice et dans les plaintes du Parlement de Guienne :

« Le désordre est si grand dans la province, dit un arrêt de la Cour de Bordeaux, en date du 2 décembre 1659 [1], que l'autorité du Roy n'y est point reconnue, que la justice est entièrement méprisée; que les seigneurs justiciers, pour favoriser l'impunité des crimes, empêchent les juges d'én faire les poursuites et contraignent les officiers de supprimer les procédures. La licence de quelques gentilshommes, ou d'autres, est venue à cette extrémité, qu'ils font souffrir aux sujets du Roy toutes sortes d'oppression ou de tyrannie. Pour se maintenir dans cette violence, ils font des assemblées illicites avec port d'armes dans les villes et à la campagne; ils érigent leurs maisons et leurs châteaux en places de guerre dans lesquelles ils tiennent garnison et donnent retraite aux criminels; ils décident leurs différents par voie de fait, s'emparent par force des biens les uns des autres, commettent des duels, des rapts, des enlèvements et des

---

[1] Cet arrêt, imprimé la même année par Mongiron Milanges, est devenu très-rare. M. Léo Drouyn l'a réédité dans les Actes de l'Académie de Bordeaux, année 1873, p. 126.

emprisonnements sans décret ni forme de justice. »

Si des pièces d'une authenticité reconnue et récemment publiées ne rendaient pas le doute impossible, on croirait difficilement que tant de crimes, d'infractions aux lois et même de rébellions ouvertes contre la justice, pussent se commettre ainsi au grand jour et souvent rester impunis.

Le 29 août 1654, on avait arrêté pour dettes un commis des consignations; on le menait prisonnier à la maison de ville, lorsque M. de Pomiers, conseiller au Parlement de Guienne, prit une épée, « la mit à la main toute nue, » et s'élança sur l'escorte, appelant à son aide les garçons de boutique qui sortirent avec des armes, retirèrent le prisonnier et le firent sauver. Le comte d'Estrades, maire de Bordeaux, assembla la Jurade, décréta prise de corps contre les garçons de boutique; et ne pouvant décréter contre Pomiers le jeune, parce qu'il était conseiller, lui fit commandement de sortir de la ville. Il envoya en même temps deux jurats avec vingt de sés gardes au domicile du commis des consignations pour l'arrêter. On le chercha partout fort exactement, on ne put le découvrir. Informé qu'il était allé dans une

maison, à deux lieues de Bordeaux, le maire y
dépécha le vice-sénéchal ; et encore n'est-il pas
dit si ce dernier trouva le débiteur au gîte et put
jamais s'assurer de sa personne [1].

Le même jour ou la veille, on devait rouer
dans Bordeaux un homme convaincu d'un crime
abominable, car la Chambre de la Tournelle
l'avait condamné à mort pour avoir violé sa
fille. Plusieurs personnes publiaient cependant
que cet homme « estoit innocent et qu'on les
feroit tous mourir les uns après les autres, qu'il
ne le falloit pas souffrir. » Sur ce bruit on n'o-
sait mener le prisonnier au supplice. Le comte
d'Estrades fut obligé d'intervenir et d'envoyer
tous ses gardes pour appuyer l'exécution de
l'arrêt [2].

En 1655, dans la paroisse de Lapouyade, en
Fronsadais, un jour de dimanche et aux abords
de l'église, toute une famille, au nombre de
huit ou dix personnes, le mari, la femme, la
belle-mère, le frère et le beau-frère, deux valets
et deux servantes, mûs par je ne sais quelle
jalousie de position ou de caste, attaquent à

---

(1) Tamizey de Larroque, Collection méridionale, t. III, *Relation inédite de la Défense de Dunkerque,* par le maréchal d'Estrades, suivie
de quelques-unes de ses lettres également inédites, p. 91.

(2) Tamizey de Larroque, Collection méridionale, ibidem, p. 90.

l'heure de la messe deux jeunes gens, le procureur d'office Landreau et son cousin Mathurin Coulomb, juge de Laubardemont, lesquels, à vrai dire, étaient venus là tout armés. — Le groupe se précipite sur eux, les hommes frappant de leurs épées ou déchargeant leurs pistolets; les femmes se mêlant à la bagarre pour aider de leurs cris et même de leurs mains l'effort des assaillants. On voit notamment la belle-mère,— elles sont terribles ces femmes quand elles s'y mettent, — tenir les verroux de l'église pour empêcher les fidèles d'en sortir et rendre impossible tout secours[1]! Il y eut bataille, mais Landreau mourut de ses blessures[2] et Mathurin Coulomb n'y survécut que pour périr en 1658 ou 1659, dans la lande de Saint-Loubès, lâchement assassiné[3].

Les frères La Chapelle, François et Sarran, auteurs de ces meurtres, appartenaient à la noblesse guiennoise. Poursuivis, ils trouvèrent

---

(1) Le nom de cette rare belle-mère mérite d'aller à la postérité la plus reculée. C'était une demoiselle Anne d'Espagnet, veuve de François de Mignot; elle avait pour gendre Sarran de La Chapelle.

(2) Léo Drouyn, *Tizac de Galgon ou Épisodes du temps de la Fronde dans une paroisse du Bordelais*. (Actes de l'Acad. de Bordeaux, 1873, p. 81 et 82.)

(3) « Sans lui donner le temps de se mettre sur la défensive, Sarran de La Chapelle lui lâcha un coup de pistolet dans la tête, et ensuite s'enfuit au galop à travers champs. » (Léo Drouyn, ibidem, p. 85.)

un asile dans les châteaux de leurs amis, où ils purent se rire aussi longtemps qu'ils voulurent des officiers judiciaires. François, fort de ses protections ou de ses alliances, osa même se constituer prisonnier, et, de fait, obtint bientôt un acquittement; il lui en coûta à peine une somme de 80 livres, tant en aumônes qu'en messes pour l'âme de Landreau ! — Sarran de La Chapelle, condamné à être pendu et exécuté en effigie, servait, trente ans plus tard, en Savoie, comme capitaine des milices de Guyenne. Chez le baron de La Brède et chez le sieur de Cavarroque, ses premiers lieux de refuge, il avait si bien intimidé les juges par ses menaces, qu'il ne fut jamais appréhendé [1].

En 1664, une haine héréditaire mettait aux prises les deux plus importantes familles de Saint-Jean de Blagnac [2] et montrait encore toute l'impuissance de la justice devant ces agressions et ces guerres seigneuriales. Un jour d'avril, à dix heures du matin, les du Roy et les Selmi-nihac, armés de fusils et d'autres engins meurtriers, se livrent, dans le bourg, douze contre huit, une sorte de combat à l'américaine, avec accompagnement de ruses ou de surprises,

(1) Léo Drouyn, *Tizac de Galgon*, Actes de l'Acad., p. 85 et 86.
(2) Paroisse riveraine de la Dordogne, dans la juridiction de Rauzan.

comme dans les duels du Nouveau-Monde, —
ceux-ci postés dans une galerie, au sommet
d'une maison, ceux-là dans la rue, quelques
autres aux fenêtres voisines. L'action fut chaude
et il y eut mort d'homme d'un côté; de l'autre,
plusieurs blessés dont l'un mortellement, « au
dire des médecins. » Les vaincus[1] portèrent
plainte. On fit un simulacre d'enquête, un
simulacre d'arrestations, un simulacre de procès
criminel; mais en somme il ne paraît pas que
l'affaire ait eu des suites bien sérieuses. Rien
même ne prouve qu'il y ait eu condamnation[2].

A Cavignac, petite paroisse de l'archiprêtré
de Bourg et de la juridiction de Cubzac[3], située
sur les frontières de la Saintonge, un maître
de poste nommé Marteau était, vers le même
temps, c'est-à-dire en 1664 ou 1665, dans un
état d'insurrection, en quelque sorte permanent,
contre les ordonnances royales et les « exécu-

---

(1) Les Solminihac, lesquels étaient du reste les moins nombreux.

(2) On trouvera, dans les *Variétés Girondines* de M. Léo Drouyn,
œuvre digne de Baurein, de curieux détails sur cette *vendetta* gasconne. La longue querelle des du Roy et des Solminihac, née en 1612,
d'une invasion de dindons dans un champ cultivé, se termina, au
xviii° siècle, comme un vaudeville, par un triple mariage. — Les
Variétés girondines ne disent pas s'il y eut « beaucoup d'enfants, »
mais elles donnent clairement à entendre que les mariés ne furent pas
« heureux. »

(3) J. Reclus, *Dictionnaire Géographique et Historique de la Gironde*, 2° fascicule, 1866, p. 67.

tions de justice. » Il se ventait d'avoir *surpris* des lettres de noblesse ; il les avait fait enregistrer à la Cour des Aydes, et, s'appuyant de cette qualité, prétendait exercer les droits ou jouir des priviléges qui sont l'apanage des gentilshommes [1]. Il refusait opiniâtrément de représenter ses titres au commissaire royal chargé de la recherche des matricules [2], et il marquait d'autant plus de « témérité et d'audace » qu'il avait « l'aide et le support de toute la petite noblesse de Xaintonge, d'Angoumois et de Périgord [3]. »

Le procureur général au Parlement de Guienne n'osa le décréter d'arrestation, bien que Pierre Séguier, le célèbre chancelier de France, en eût, paraît-il, donné l'ordre. Marteau brava ainsi plusieurs mois l'autorité royale, et ce fut seulement à la fin des neiges ou des innondations, — car on était alors dans l'hiver de 1665, — qu'on le fit prendre et conduire par le prévôt de la Cour des Aydes dans les prisons de Libourne. On l'y trouva même *si peu assuré*, que permission fut demandée à M. Marin, gouverneur du

(1) Probablement l'exemption des tailles.
(2) Commissaire royal pour la vérification des lettres de provision des offices ministériels matriculés.
(3) « sur la frontière desquels il demeure, » ajoute le texte. (Biblioth. Nat., f° St-Germain fr., mns. 17406, f° 47.)

Château-Trompette, « de le recevoir et garder par prisons empruntées[1]. »

Pendant que l'on menait ce faux noble à Bordeaux, « ce qui ne se put faire sans grande escorte à cause de ses amis, » un autre rebelle, nommé d'Audéjac, se tenait fier dans les montagnes avec sa troupe de bandits et l'assistance secrète de toute la contrée qui le fournissait de vivres et d'argent[2].

En 1669, du côté de La Réole, pour se venger d'une accusation de faux, bien méritée du reste, un certain François de Bousignac, à l'instigation de sa mère, Mme de Gasc, *attroupe* trente-cinq à quarante hommes armés d'épées, de fusils et de pistolets. Couverts de grandes *bourguignottes* abattues, ils partent dans la nuit, et, arrivés près du château de Lamothe, où demeure le marquis de Lur, ils enfoncent avec grand bruit les portes et fenêtres de quatre ou cinq maisons, trainent avec des blasphèmes horribles plusieurs pauvres paysans hors de leur lit, les amènent quasi-nus, — on était aux derniers jours du mois de décembre, — comme s'ils eussent été des criminels qualifiés, « criant à haute voix *(sic)* où était le

(1) René Kerviler, *La Guienne et la Gascogne à l'Académie française, Salomon de Virelade et sa Correspondance inédite*, p. 45.
(2) René Kerviler, ibidem, p. 45.

marquis de Lur et pourquoi il ne venait pas se-
courir ses tenanciers. M. de Lur et deux de ses
amis sortent pour aller chercher du secours ; ils
sont rencontrés sur le *pont de guerre*, près de
La Réole, et reçoivent plusieurs décharges d'armes à feu mortelles pour tous les trois[1]. »

Et ce n'étaient point là des faits isolés. « Il nous
serait facile, dit un historien paléographe, après
avoir raconté l'assassinat de Mathurin Coulomb,
d'en trouver un semblable dans presque toutes
les paroisses du Bordelais[2]. »

A ce tableau, qui rappelle les plus mauvais
jours de l'ère féodale, il faut joindre la désola-
tion des campagnes et la misère des cultivateurs.
Là encore en réquisitions, exactions, rançonne-
ments, pilleries de toute nature, les régiments
du comte d'Harcourt, les soldats mercenaires de
Marchin ou de Baltazar, laissèrent de leur passage des marques longtemps visibles. Nombre
de paysans arrachés par l'état de guerre aux
travaux agricoles disparurent. Ceux qui revin-
rent trouvèrent un sol en friche, et ils n'avaient
pas remis en production ces terres abandonnées
que, sous forme d'impôt, ils eurent encore ran-
çon à payer.

(1) Malvezin, *Michel de Montaigne, son origine, sa famille*, p. 331.
(2) Léo Drouyn, *Tizac de Galgon*, Act. 1573, p. 86.

Pour combler le déficit de la Fronde, pour satisfaire à la guerre d'Espagne qui traînait en longueur, les agents du fisc montraient une rigueur inaccoutumée. Les tailles cependant se percevaient difficilement. Les ordonnances, dit M. Léo Drouyn, dans sa remarquable notice sur *Tizac de Galgon*, les commissions, les sommations des sergents, les saisies des huissiers, rien n'y faisait; et les logements des troupes, ajoutant à la misère, rendaient encore l'argent plus rare [1].

« Il est très-important, écrivait, le 24 juillet 1654, le comte d'Estrades au cardinal Mazarin, que Votre Seigneurie soit avertie que toute la province est au désespoir. Les peuples ont été ruinés par quatre années de guerre civile et par la peste qui dure encore en plusieurs lieux [2]. »

Parempuyre, Montferrand et Ambès pillés par le comte de Doignon qui avait enlevé plus de quatre mille tonneaux de vin [3], six mille, selon La Colonie [4], offraient le spectacle de la dévas-

---

(1) *Tizac de Galgon*, Actes de l'Académie, 1873, p. 52.
(2) Tamizey de Larroque, *Lettres inédites du comte d'Estrades*, p. 87.
(3) Fonteneil, *Histoire des mouvemens de Bourdeaus*, p. 432.
(4) La Colonie, *Histoire curieuse et remarquable de la ville et province de Bordeaux*, t. II, p. 86.

tation[1]. — Dans le Fronsadais, la misère était générale : « Les malheureux habitants de cette seigneurie, dit encore M. Drouyn, obligés, en outre des impôts de toute nature, de solder les cens, rentes et autres devoirs dûs aux seigneurs des fiefs qu'ils cultivaient, ne trouvant plus à vivre chez eux, abandonnaient le pays[2]. »

Le Bourgez, peu distant de ces contrées, occupé ou foulé tour à tour par les régiments de Condé, par les Espagnols de Joseph Ozorio et les soldats de Vendôme ou du comte d'Estrades, avait un aspect tout aussi misérable ; on n'y payait pas mieux les cens et les rentes ; les terres y étaient hypothéquées. Beaucoup de personnes, d'un rang élevé, vivaient d'expédients, ne payaient point leurs dettes et ne pouvaient elles-mêmes rentrer dans leurs créances.

Dans les derniers temps de la Fronde, on avait pillé ou saccagé par vengeance les maisons des Royalistes fidèles[3] ; il était impossible que les

(1) Un acte notarié du 1er août 1653, montre un certain César Jamet empruntant une somme d'argent pour réparer les ruines faites par les gens de guerre dans le bourdieu de Montferrand. (Francisque Michel, *Histoire du commerce et de la navigation à Bordeaux*, t. II, p. 69.)

(2) Léo Drouyn, *Tizac de Galgon*, etc., p. 53.

(3) Notamment la maison du conseiller Pierre de Boucaud, à Bourg, et son château du Bousquet qu'Ozorio abandonna au pillage, pour punir le conseiller au Parlement de son dévouement au Roi. — Le Bousquet est aujourd'hui la propriété de M. le vicomte de Barry, descendant par sa mère et digne continuateur de Pierre de Boucaud.

propriétés ne se ressentissent pas longtemps de
ces dévastations. — Le sol mal cultivé avait
perdu la moitié de sa valeur. On a vu plus haut
Mme de Lafargue obligée, dans le désarroi de
sa fortune, de vendre les biens de son mari ou
de son beau-père, retirer à peine 300 livres
d'une maison et de deux journaux de terres ou
de vignes situés aux portes même de Bourg.
Un érudit, Michel Leber, auteur d'un *Essai sur
l'appréciation de la fortune privée au Moyen-
Age* [1], a calculé que le pouvoir de l'argent était,
vers le milieu du XVIIe siècle, quadruple de ce
qu'il est de nos jours [2]. En 1847, époque où
écrivait Leber, un journal de vigne, dans la
commune de Bourg, ne valait pas moins de
1,800 francs [3], ce qui lui donne une valeur de
450 livres pour l'époque de Mme de Lafargue.
Sur ce pied, deux journaux et une maison, si
modeste qu'elle fût, auraient dû trouver acquéreur au prix de 11 à 1,200 livres. On peut juger
par là qu'elle était, en 1660, la dépréciation des
terres, et quelle influence eut la Fronde sur le
sort des familles.

---

(1) Mémoire publié pour la première fois dans le *Recueil des Savants
étrangers* de l'Académie des sciences morales et politiques, t. I.

(2) *Revue des Deux-Mondes*, 1854, t. II, p. 809.

(3) En 1870, avant l'invasion du phylloxéra, le journal de terre valait
à Bourg de 4 à 5,000 fr.

CHAPITRE III

LE COUVENT DE L'ANNONCIADE

Nous avons laissé Mme de Lafargue sous le coup des poursuites intentées par la Mère Ancelle, supérieure du couvent de l'Annonciade. Le 27 juillet 1671, une autre créancière, Marguerite de Belrieu, veuve de Messire Denis de Vincens, curatrice des biens de son fils Josué, obtenait à son tour de la Chancellerie, près le Parlement de Guienne, des lettres de *Debitis*.

On donnait ce nom à des Lettres-Royaux qui enjoignaient, au premier huissier ou sergent requis, de faire payer, sans délai, une dette claire et liquide ou reconnue, en contraignant les débiteurs, par la prise de leurs meubles et héritages, voire même « arrest et emprisonnement de leurs personnes si *mestier est*[1]. »

Ces préliminaires, qui dévoilaient à Mme de Lafargue l'abime ouvert sous ses pieds, durent

_____

(1) Pierre Le Mur, *Le Practicien françois*, Paris, 1642, p. 322.

influer sur une constitution que les soucis et les
embarras de toutes sortes avaient depuis longtemps ébranlée. Toujours est-il qu'elle décédait
au bout d'un mois et quelques jours, le 10 septembre 1671[1], ne laissant à ses quatre enfants,
encore mineurs, que des biens hypothéqués.

Alors commença une série d'actions qui mirent
en jeu presque toutes les ressources de l'ancienne
pratique judiciaire. Elles furent compliquées par
les prétentions également obstinées de deux
femmes, la Mère Ancelle et Marguerite de Belrieu, qui, tout en poursuivant le même objet,
finirent par plaider l'une contre l'autre pour
échapper aux frais ou garder le premier rang.

Le 11 décembre 1671, trois mois après le décès, Marguerite de Belrieu[2], de Triguay, dame
de Vincens, baronne de Clérans[3], — parlant
toujours au nom de son fils Josué, — fit mettre
les scellés au domicile de la défunte[4]. C'est là

(1) Mns. de l'Annonciade, f° 74.
(2) Belerieu, d'après le manuscrit. Ce nom doit s'écrire Belrieu ;
c'est du moins ainsi que nous le trouvons orthographié dans le *Nobi-*
liaire de Guyenne et Gascogne (O'Gilvy, t. I, p. 196.) — Les Belrieu
devaient appartenir à la noblesse de Sainte-Foy et pays de Nouvelle
Conquête. On voit, en effet, le chevalier de Belrieu signer en cette qualité une déclaration de principes politiques faite en Assemblée le
27 janvier 1789.
(3) *Alias* Clairans et Clarens.
(4) Mns. de l'Annonciade, f° 43 v° et 46.

une formalité cruelle pour tout le monde ; elle le fut surtout pour les enfants Lafargue, qui, après avoir assisté à l'application de la cire sur les portes des cabinets ou des armoires, virent encore inventorier les autres effets de leur mère : tentures, lits, tableaux, et jusqu'aux plus chers souvenirs !

Soit que le scellé n'eût pas été mis dans les formes, soit que la mesure fût elle-même contestable, il y eut une plainte portée devant la Chambre de l'Édit, et un arrêt, en date du 2 juin 1672, condamna Marguerite de Belrieu aux dépens [1].

Les Chambres de l'Édit avaient été instituées, en vertu du célèbre édit de Nantes, pour remplacer les Chambres mi-parties que l'antagonisme des croyances, suite des guerres religieuses, avait rendu nécessaires. — La Chambre de l'Édit en Guienne, installée d'abord à Nérac [2], puis transférée à Bordeaux [3], était composée, comme toutes les autres, par moitié, de conseil-

[1] Mns. de l'Annonciade, f° 63 v°, 72.

[2] L'installation de la Chambre de l'Édit eut lieu en grand appareil, à Nérac, le 22 mars 1601. (Boscheron des Portes, Hist. du Parlement de Bordeaux, t. i, p. 329.)

[3] Elle y était déjà en 1619, à l'origine de la Fronde. Dans les temps ordinaires, la Chambre de l'Édit ne faisait point partie du Parlement, mais on l'y associa pendant les troubles pour faire nombre. (Boscheron des Portes, t. ii, p. 43.)

lers catholiques et de conseillers protestants. Elle
avait pour mission de juger tous les procès où des
huguenots étaient en cause[1]; il y avait donc ici
au moins une des parties qui appartenait à la
religion réformée[2], et l'on pourrait se demander, à la rigueur, comment la Chambre de l'Édit,
évoquée dans une question de détail, ne fut pas
appelée à connaître de l'affaire elle-même? Mais
sans nous arrêter à cette anomalie qui aura peut-
être son explication, suivons Marguerite de Belrieu sur le terrain de la procédure. Mme de Vincens, condamnée pour l'application des scellés,
n'en continuait pas moins de poursuivre par les
voies ordinaires le recouvrement de sa créance.

Le 25 juin 1672, un sergent du Roi près la
Chancellerie de Guienne, porteur des lettres de
Debitis, se présente au logis des héritiers Lafar-
gue, et, s'adressant à Catherine, lui fait « exprès

(1) Philippe Bornier, *Conférences des nouvelles Ordonnances de
Louis XIV,* t. I, p. 60 et 61.

(2) Étaient-ce les Vincens?... étaient-ce les Lafargue?... La plainte
ayant été portée devant la Chambre de l'Édit par les enfants Lafargue, il en ressortirait que ces derniers appartenaient à la religion
réformée. D'un autre côté, ils avaient une tante religieuse au couvent
de l'Annonciade, ce qui ferait supposer que Mme de Lafargue et ses enfants étaient, au contraire, catholiques. La même incertitude existe du
côté des Vincens. Denis de Vincens était avocat du Roi à la Chambre
de l'Édit; cette juridiction étant composée d'un nombre égal de protestants et de catholiques, il pouvait être tout aussi bien de la première
religion que de la seconde.

» et réitératif commandement tant pour elle que
» pour Étienne, Jeanne et Marie, de payer et
» délivrer à ladite Triguay la somme de 600 liv.
» contenues dans ladite obligation avec les in-
» térêts échus. »

Catherine, comme il fallait s'y attendre, « fait
» responce n'*avoir d'argent* pour payer. » —
Sur quoi l'officier de justice se dit obligé de
saisir la maison, le bourdieu appelé *Belleroque,*
et plusieurs pièces de terre détachées, situées
dans les paroisses de Bourg ou de Lalibarde [1].
Il commet à leur *régime* et *gouvernement* Antoine Despagnet, bourgeois de Bourg, commissaire des saisies réelles de la juridiction, non
sans lui enjoindre, dans les termes de l'antique
formule, « de les régir et gouverner en bon père
de famille. » — Il donne assignation aux enfants exécutés à « estre et comparoir à dimanche
» lors prochain au devant des portes des églises
» paroissiales de Saint-Girons, de Bourg et de
» Lalibarde, issue de grand'messe, pour voir

---

(1) Sont mentionnés comme confrontant ces divers biens, maisons ou
pièces détachées : l'abbaye de Saint-Vincent, Mᵐᵉ d'Eyquem, Estienne
Hourton, Pierre Launais, Mᵐᵉ de Boucaud, veuve Filatteau, Pierre
Marias, bourgeois de Bourg, Héraud, chanoine, feu M. de Calvirac,
Gabriel Dangeat, bourgeois de Bourg, Pierre Lafargue, Mᵐᵉ d'Esconges,
Eyraud, notaire, Bernard Pastoureau, bourgeois et maire de la ville de
Bourg, Pussaud, apothicaire, M. de Labadie et feu Maynard Guérin.

» faire la première *criée* et les autres dimanches
» consécutifs, sans intervalle de temps. » — Il
déclare enfin que la dame de Vincens fait « élection de domicile dans la maison de Mᵉ Saubat
de Monjon, procureur du Roi en la ville de
Bourg, pour y recevoir tous exploits concernant la saisie. »

Bourg était, au XVIIᵉ siècle, le siége d'une
prévôté royale[1], dont la juridiction s'étendait
sur dix-neuf ou vingt paroisses, et comprenait
ainsi toute l'étendue de l'ancien Bourgez[2]. On
y comptait un juge royal, un lieutenant particulier[3], un procureur du Roi et un substitut; si on
y ajoute le greffier et le personnel ordinaire de
procureurs, de postulants et de sergents, on
comprendra l'importance de cette juridiction,

<hr>

(1) Archives Hist. de la Gironde, t. XVII, p. 373.

(2) Un état des tailles de Guienne en 1637, publié par M. Léo Drouyn
(Actes de l'Acad. de Bordeaux, 1873, p. 112), donne le nom de ces vingt
paroisses. Elles sont toutes mentionnées, à l'exception de Camillac, qui
cependant appartenait à la juridiction de Bourg, ainsi que le prouve
un acte de vente domaniale du 15 décembre 1695, que j'ai sous les yeux.
En revanche, dans cette dernière pièce, il n'est pas question de Saint-
Savin. Il serait possible que cette paroisse fût déjà enlevée, en 1695, à
la juridiction de Bourg. Toujours est-il qu'on trouve, en 1759, la *baronnie de Saint-Savin* érigée en justice seigneuriale, avec la dame Denis
Piécourt (veuve de M. Denis de Saint-Savin, conseiller au Parlement),
pour seigneur.

(3) En 1649, la prévôté de Bourg avait, pour lieutenant particulier,
un homme remarquable, Jean de Gombault, l'un des rédacteurs du
Cahier des Remontrances, présenté par les députés du Tiers-État de
Guienne aux États-Généraux d'Orléans. (Arch. hist., t. XVII, p. 374.)

qui, — la grande prévôté d'Entre-deux-Mers exceptée, — égalait ou même surpassait les autres justices royales de la sénéchaussée de Guienne.

Ces tribunaux étaient spécialement établis pour connaître en première instance des matières entre gens de roture; mais ils pouvaient aussi connaître des actions entre nobles quand il s'agissait d'héritages roturiers[1]. C'était ici le cas, et Marguerite de Belrieu, en élisant domicile chez M° Saubat de Monjon, en la ville de Bourg, avait fort justement porté l'affaire devant son juge naturel.

En règle avec les dernières ordonnances[2], elle avait le droit de penser que nul ne viendrait lui contester la compétence du tribunal et porter ailleurs le terrain de la poursuite. Mais, tandis qu'on procédait aux criées devant les églises de Bourg et de Lalibarde sans opposition apparente, on s'inquiétait au couvent de l'Annonciade, et on y suivait d'un œil jaloux ces *formes* de justice que dirigeait une main rivale.

Le couvent de l'Annonciade, situé rue Mingin, en face de la rue de Lalande[3], sur un terrain

(1) Gauret, *Style univ. de toutes les Cours et Juridictions*, t. 1, p. 6.
(2) Ordonnances de Louis XIV du mois d'avril 1667.
(3) Plan géométral de la ville de Bordeaux, *London*, 1776.

occupé anciennement par les Carmes[1], avait
été institué en 1521, sous le nom de couvent de
l'*Ave Maria*, par Jacquette Andron de Lansac,
dame de Saint-Gelais, qui fit bâtir le monastère,
nous dit de Lurbe, « avec donation de quelques
revenus[2]. » Il appartenait à l'ordre de l'Annonciade de Bourges, fondé en 1502, par Jeanne
de Valois, fille de Louis XI et femme de
Louis XII, qui prit elle-même le voile en 1503[3].

L'habit, dit un contemporain de la Mère Ancelle, en est singulier : le voile noir, le manteau
blanc, le scapulaire rouge, la robe grise et la
ceinture de corde[4]. Bernadau en fait une des-
cription un peu différente : « Leur costume, dit-
il, était fort élégant pour le cloître ; elles étaient
vêtues d'une robe gris brun à corset rouge et
d'un long manteau *bleu*. Leur coiffure consistait
en une guimpe blanche, couverte d'un voile
noir, sur laquelle était passé en sautoir un ruban
bleu céleste, supportant un beau médaillon d'argent, représentant sainte Jeanne, fondatrice de
l'ordre[5]. »

(1) On appelait ce lieu *tous Carmes vieils*. (Darnal, *Chronique Bour-deloise*, p. 187.)
(2) De Lurbe, *Chronique Bourdeloise*, p. 23.
(3) Giry, *Petits Bollandistes*, t. II, p. 275.
(4) Louis Moreri, *Dictionnaire Historique*, édit. 1699, t. III, p, 263.
(5) Bernadau, *Viographe Bordelais*, p. 331.

Quoique Bernadau soit né dans la rue Mingin[1] et qu'il ait pu voir les dames de l'Annonciade dans sa jeunesse[2], la peinture qu'il en
fait demanderait, peut-être, à être examinée. Le
manteau qu'il prête à ces religieuses ressemble
beaucoup à celui des Annonciades *célestes,* fondées en 1604, à Gênes, par Marie-Victoire For-
naro et que l'on appelait aussi les *Filles bleues,*
précisément à cause de leur manteau[3].

Comme beaucoup d'ordres religieux, les
Annonciades avaient certains priviléges. L'un
des plus importants était celui de plaider en
la Grand'Chambre[4], devant le Parlement de
Guienne.

On pourrait croire que dans l'ancienne légis-
lation ce genre de droit appartenait à tous les
monastères. Il n'était donné qu'à un certain
nombre d'églises ou de communautés[5], et en-

(1) P. Bernadau, *Antiquités Bordelaises,* p. 304.

(2) Probablement en 1790, peu de temps avant la suppression des
ordres religieux.

(3) Henrion fait, du vêtement des Annonciades de Bourges, une des-
cription qui tient de celle de Moreri et de celle de Bernadau, tout en
se rapprochant davantage de la première : « Leur costume consistait,
dit-il, en un voile noir, un manteau blanc, un scapulaire rouge, un habit
brun, un ruban bleu d'où pendait une médaille d'argent. » (*Histoire
des Ordres religieux,* t. II, p. 44.)

(4) Mns. de l'Annonciade, f° 6 v°.

(5) Bornier, *Conférences des nouvelles Ordonnances de Louis XIV,*
t. I, p. 343.

core fallait-il qu'elles fussent munies de titres spéciaux qu'on appelait lettres de *Committimus* ou lettres de *Garde gardienne,* selon leur nature. Le privilége de *Garde gardienne* était octroyé à des églises, monastères ou abbayes de fondation royale, et qui se trouvaient, par ce fait, en la sauvegarde du Roi; il leur permettait d'évoquer par devant les sénéchaux, à l'exclusion des seigneurs haut-justiciers[1]. Les lettres de *Committimus,* obtenues d'abord sous les Valois, moyennant finances, — mais restreintes et assujetties sous Louis XIV à une vérification sévère, — donnaient aux corps religieux le droit de porter leur cause hors du ressort du Parlement[2].

Il n'y avait pas d'ailleurs que des communautés qui en jouissent. Bien au contraire, le *Committimus* était surtout le privilége des Princes du sang, des Ducs et Pairs, des Officiers de la Couronne, des Chevaliers de l'Ordre du Saint-Esprit, des Conseillers du Grand Conseil, de ceux de la Chancellerie de France, des employés d'Ambassade, des quatre plus anciens de l'Académie Française, etc.[3]

(1) Bornier, *Conférences des nouvelles Ordonnances de Louis XIV*, t. i, p. 314, aux notes.
(2) Idem, ibidem, t. i, p. 343.
(3) Idem, ibidem, p. 335.

Le privilége que fit valoir la Mère Ancelle différait un peu de ceux-ci. M{mᵉ} de La Chèze prétendait distraire sa cause de la justice de Bourg, non point pour l'évoquer hors du Parlement, mais au contraire devant lui. C'est ce qu'on appelait le *Committimus* de la Petite Chancellerie, afin d'exprimer qu'il n'avait de pouvoir que dans l'étendue du ressort [1].

Forte de son droit, qui lui donnait pour juge une compagnie où elle avait des amis, des alliés, et, sans aucun doute, des parents assez proches [2], la supérieure de l'Annonciade présenta requête [3] à la Cour, pour lui demander :

1° De casser la saisie de la dame de Belrieu, « attendu qu'elle était subséquente [4]; »

2° De défendre au juge royal de Bourg de connaitre de l'instance portée devant lui à peine de 1,000 livres d'amende et de cassation de la procédure [5].

La requête « appointée, » la Mère Ancelle assigna Marguerite de Bélrieu devant la justice

(1) Bornier, *Conférences des nouvelles Ordonnances de Louis XIV*, t. 1, p. 325, aux notes.

(2) Voir la note 2 de la page 41 sur la famille parlementaire des La Chèze. .

(3) Requête datée du 27 juin 1672.

(4) La Mère Ancelle rappelait à ce propos qu'elle avait fait procéder, en 1669, aux premières saisies.

(5) Mns. de l'Annonciade, f° 6 à 7.

souveraine où celle-ci se présenta, en effet, en
la personne de M° Jean Roy, son procureur[1].

Avec une sorte de souplesse qui dénotait un
tempérament fait pour vivre dans les labyrinthes
judiciaires, Marguerite ne contesta point le privilége de la Mère Ancelle, et, de *son consente-
ment,* un arrêt rendu le 15 décembre 1672,
ordonna que les parties procéderaient en la
Grand'Chambre; elle réussit pourtant à y faire
joindre cette réserve qui contenait la sauvegarde
de ses droits : « *sans préjudice* de la saisie de
ladite dame de Belrieu. »

Le Parlement, chassé d'Agen par la peste et
réfugié à La Réole, était enfin rentré dans Bordeaux[2]. Nous retrouvons, en robe de magistrat
et distribuant la justice, ces *colonels* de la Fronde
que nous avions laissés à genoux devant l'Ormée
ou fuyant sa colère. Il est survenu toutefois des
changements dans la compagnie; il y a eu des
décès, les fils ont remplacé les pères. Au lieu de
M. le premier président Dubernet et du président Daffiz, c'est M. Arnaud de Pontac[3] qui est

---

(1) Mns. de l'Annonciade, f° 7.

(2) Une déclaration du Roi, en date du 19 novembre 1651, accorda le
retour à Bordeaux. L'ouverture eut lieu le 1er décembre.

(3) Arnaud de Pontac, reçu en 1653, se démit en 1673 et réussit à faire
passer sa charge sur la tête de son gendre, Jean-Denis d'Aulède de Lestonnac; celui-ci la conserva jusqu'à sa mort, 26 janvier 1691.

à sa tête, et il va bientôt lui-même obtenir pour successeur son gendre, M. d'Aulède.

Des avocats de grande réputation ou de riches bourgeois ont pu acheter des charges vacantes et y introduire, de la sorte, quelques titulaires nouveaux [1]; mais, dans son ensemble, c'est encore le Parlement du temps de Mazarin. Ce sont du moins les mêmes noms, car l'hérédité, — conséquence inévitable de la vénalité des charges, — y perpétuait les familles. C'est ainsi que les d'Arnault, les La Chèze, les de Gourgues, les Pichon, les Grimard, les Sabourin, les Morin, les Pontac, les d'Arche, les Lalanne, les du Blanc, les Montesquieu, siégent aux mêmes places pendant les générations d'un siècle entier et quelquefois davantage.

Ce fameux corps judiciaire, qui ne comprenait à son origine qu'un président et une demi-douzaine de conseillers, s'est considérablement augmenté depuis son institution par le roi Louis XI [2].

(1) « Le Parlement, dit Boscheron des Portes, était le but de toutes les ambitions; le haut commerce, la finance, la riche bourgeoisie, recherchaient à l'envi de telles positions. » Il aurait dû mentionner les avocats. Une sorte de progression naturelle nous montre parfois le grand-père procureur, le fils avocat, le petit-fils ou l'arrière-petit-fils conseiller au Parlement. (Voir, plus loin, à l'une des notes du chap. iv, l'exemple de l'avocat Litterie.)

(2) 12 novembre 1162.

On y compte aujourd'hui huit présidents[1] à mortier, quatre-vingt-quinze conseillers tant clercs que laïques, un procureur général, deux avocats généraux, deux greffiers en chef, etc.

Il serait naturel de s'attendre à une marche rapide de la procédure; mais si le personnel est nombreux, le ressort est très-étendu : il renferme vingt-neuf sénéchaussées réparties dans le Bordelais, la Guienne propre, la Gascogne, le Bazadais, l'Agenais, le Périgord, le Limousin et la Saintonge. Il faut qu'il s'occupe de leurs appellations, et celles-ci ont chacune leur jour et leur époque. Outre les appellations des sénéchaux, il y a celle des Requêtes, de l'Amirauté, de MM. les Jurats, du juge et des consuls de la Bourse. Il y a les appels comme d'abus, les causes provisoires et privilégiées, enfin les requêtes civiles[2].

On a beau être la supérieure d'une communauté, beau même s'appeler Marguerite de Belrieu, de Triguay, dame de Vincens, baronne de Clérans, assiéger le palais de l'Ombrière et ne pas quitter en quelque sorte la grande salle des

---

(1) Le huitième fut Jean de Gourgues. Il ne fut pas admis sans difficulté et sans murmures.—Voyez, Archives hist. de la Gironde, t. ii, p. 37, à la date du 24 mai 1645, la lettre du Parlement de Bordeaux au cardinal Mazarin contre « l'accroissement d'un huitiesme président. »

(2) Almanach historique de la province de Guienne, p. 228 à 230.

pas-perdus[1], il ne peut être rien changé aux
rôles où les appellations et les requètes sont
inscrites; il faut attendre son tour, et ce tour
venu patienter encore, car il n'est pas rare que
les difficultés surgissent.

Précisément en voici une, et c'est du côté de
dame Marguerite qu'elle se présente : son procureur vient à mourir. Aussitôt, assignation de la
Mère Ancelle d'avoir à constituer un procureur
nouveau.

Le procureur nouveau constitué[2], autre in-
cident. La Mère Ancelle lisant déjà dans l'avenir, — car on sait bien des choses dans les
couvents quoiqu'on n'en sorte point, — la supérieure, voulant s'assurer des ressources qui lui
permettent d'attendre la fin de ces poursuites
déjà si longues, demande à la Cour une provision à prendre sur les revenus des biens saisis.
Ordonnance de la Cour qui accorde 300 livres
de provision à la Mère Ancelle.

(1) La grande salle, réparée en 1508, un an après l'incendie de la
Chambre des Présidiaux qui en était voisine (11 janvier 1507), n'avait
de bien remarquable que sa charpente en plein ceintre. — Un deuxième
incendie consuma, en 1701, la salle d'audience et la Tournelle; mais il
respecta, parait-il, la salle des pas-perdus. — Une très-belle eau forte
de M. Léo Drouyn, représentant le *Palais de l'Ombrière*, se trouve
dans le Recueil des Archives Hist. de la Gironde, t. XII ; elle permet de
reconnaître que ce monument appartenait à la fin de l'époque ogivale.

(2) Me Trautelle, successeur de Me Jean Roy.

Va-t-on maintenant pouvoir appeler les parties, examiner leurs pièces et « leur faire droit ainsi qu'il appartiendra? » Ce serait compter sans les opposants; et dans quel procès n'en vit-on point? Les acquéreurs des immeubles vendus par Mme de Lafargue ont appris que ses biens étaient saisis; ils viennent faire opposition *en future garantie.*

Le 20 mai 1673, c'est Antoine Giraud, celui qui a acheté la maison et les terres du Mas; le 29 mai, c'est Pierre Blanq, le charpentier de barriques, devenu propriétaire du *chay* de Bourg. Ils montrent les contrats passés avec la veuve; « ils ont payé ces biens, disent-ils, et en ont toujours joui. » Ils demandent à la Cour acte de leur opposition, et, en cas d'éviction, d'être colloqués pour la somme de livres qu'ils ont donnée.

Un an ou dix-huit mois s'écoulent; il n'y a plus qu'à assigner Catherine de Lafargue, tant pour elle que pour ses frère et sœurs. Ici nouvelle complication. La majorité, dans l'ancienne coutume de Bordeaux, n'avait lieu qu'à vingt-cinq ans[1]; on était donc en présence d'enfants encore mineurs et contre lesquels il n'y avait pas

_____

(1) Les frères Lamothe, *Coutumes du Ressort du Parlement de Guienne,* t. 1, p. 187.

de procédure possible. Il semble que le cas était facile à prévoir, et que la dame de Belrieu, si familière déjà avec le *Practicien François*[1], aurait dû depuis longtemps se mettre en mesure. Quoi qu'il en soit, il ne parait pas, à l'examen des pièces, qu'on y eut songé plus tôt. C'est à la fin de 1674, seulement[2], que dame Marguerite donne requête à la Cour pour qu'il lui soit permis de convoquer les parents et de faire nommer un tuteur.

« Après divers *appointements rendus,* » le sieur Bonnefon est désigné. Il a à peine prêté serment qu'il s'avise de mourir. Marguerite de Belrieu recommence sur de nouveaux frais et assigne devant le sénéchal d'autres parents pour nommer un autre curateur. Jacques Gruaud

---

[1] *Le Practicien François*, publié en 1642, était le *vade mecum* des plaideurs. Qu'on se rappelle, dans l'amusante pièce de Racine, cette apostrophe de Chicaneau à sa fille Isabelle :

Comment, c'est un exploit que ma fille lisoit !
Ah ! tu seras un jour l'honneur de ta famille :
Tu défendras ton bien. Viens, mon sang ; viens, ma fille,
Va, je t'achèterai le Praticien François.

Act. II, Scène III.

Édité par Martin Collet, marchand libraire, le *Practicien* se vendait jusque dans l'enceinte du Palais de Justice, du moins à Paris, comme le prouve l'annonce placée au bas du frontispice : « chez Pierre Le Mur, dans la grand'salle du Palais. »

[2] Arrêt du 17 décembre 1674.

remplacera Bonnefon, et l'on pourra du moins avoir maintenant une procédure valable.

Étrange destinée des choses! Au moment où l'instance allait enfin aboutir, de graves événements s'accomplissaient à Bordeaux et venaient absorber le Parlement de Guienne, au point de lui faire oublier cette affaire, et, sans aucun doute, bien d'autres plus importantes.

CHAPITRE IV

BORDEAUX APRÈS LA FRONDE

La crainte de la famine, les excès de l'Ormée, les habiles manœuvres de quelques bourgeois bien intentionnés, avaient pu amener les Bordelais de 1653 à ouvrir leurs portes aux troupes, partout victorieuses, de Louis XIV; au fond, l'esprit des habitants n'était que peu changé, et les rêves de vie politique, dernier souvenir de la domination anglaise qu'on y remarquit depuis deux siècles, y régnaient toujours.

Les lettres ou les écrits du temps, la *Chronique Bourdeloise* elle-même, ont gardé les traces de cette fermentation. Les trois puissances qui avaient fait la Fronde, — le Parlement, la bourgeoisie et le peuple, — s'y montrent, sous des formes diverses, ce qu'elles étaient depuis la conquête : réfractaires aux impôts, jalouses de leurs droits, de leurs libertés, de leurs us et coutumes, de tout ce qui constituait, en un mot, leurs franchises au Moyen-Age.

Les premiers signes de mécontentement se manifestent au fond d'un cloitre. « Le couvent des religieux de la Merci, dit une lettre du 1er septembre 1653, à Mazarin, est rempli d'une si grande quantité de factieux, qu'il les faudroit tous chastier..... Ils sont ici, en un tel point d'insolence, qu'ils mériteroient que l'indignation de Sa Majesté se portast à leur oster ce couvent[1]. »

Vers la même époque, les bourgeois se plaignent d'une grave atteinte à leurs priviléges.

Le 19 et le 20 novembre, deux lettres, l'une de Vendôme, l'autre du comte d'Estrades, racontent les émotions que causent dans les esprits de *ceux de Bordeaux* la translation du Bureau pour la perception des droits à Blaye. « Votre Éminence, écrit le duc de Vendôme au cardinal Mazarin, considérera, s'il luy plaist, que c'est violer les priviléges et contrevenir à l'amnistie; en sorte que, pour esviter qu'ils ne se portent aux dernières extrémités, je crois qu'il est absolument nécessaire de leur donner contentement sur ce sujet[2]. »

« Votre Éminence, disait à son tour le comte d'Estrades, me permettra de lui dire qu'il est très-important de ménager ces esprits et de les

---

(1) Archives Hist. de la Gironde, t. xv, p. 421.
(2) Tamizey de Larroque, *Lettres inéd. du comte d'Estrades,* p. 77.

guérir de l'opinion qu'ils ont qu'on les veult perdre et rompre leur commerce, jusques à ce que nous ayons basti le chasteau Trompette, après quoy vous pourrez non-seulement oster ce Bureau, mais augmenter les droits du Roy tant que vous voudrez, sans craindre aucun inconvénient[1]. »

Le Parlement de Guienne, écrivait le Père Berthod à la date du 8 septembre 1653, a fait voir dans la vérification de l'amnistie qu'il y a encore des sentiments d'orgueil dans sa compagnie. « Il s'est voulu mesler d'apporter de la modification aux volontés du Roy en ordonnant que de très-humbles remontrances seroient faites à Sa Majesté sur la réédification des chasteaux Trompette et du Hà..... Cette compagnie de conseillers a encore de mauvaises semences dans le cœur, à l'exception du premier président de Pontac et de cinq ou six autres qui ont fait des merveilles pour les intérêts du Roy ; mais il a fallu céder au plus grand nombre qui, certainement, mérite d'être chastié pour rendre ces gens-là souples[2]. » — Le cardinal ne l'oublia point, et le 14 décembre 1653, le maire de Bordeaux lui envoyait, sur son ordre, la liste des

(1) Tamizey de Larroque, *Lettres inéd. du comte d'Estrades,* p. 77.
(2) Archives Hist. de la Gironde, t. xv, p. 128.

conseillers les plus coupables et des lieux où il
faudrait les reléguer [1].

Cet esprit.de remontrances commun à tous les
Parlements du royaume était mal vu à la Cour ;
on s'en aperçut douze ou quinze ans plus tard,
quand la puissance de Louis XIV fut assise.

Le 7 septembre 1667, le marquis d'Épinay
Saint-Luc, lieutenant du Roi en Guienne, se
présentait, aux Chambres assemblées, porteur
d'une ordonnance de Louis XIV [2], qui réglait
les procédures de toutes les Cours. Ce fut une
des grandes réformes du règne [3] et des plus

---

(1) Tamizey de Larroque, *Lettres inéd. du comte d'Estrades,* p. 83.

(2) L'ordonnance d'avril 1667, appelée aussi quelquefois le *code Louis.*

(3) Ce grand travail, dû à l'initiative de Colbert, dura deux ans et
donna lieu à des conférences présidées par le Roi, où furent appelés
Séguier, Le Tellier, Lionne, Colbert et Pussort. La première séance eut
lieu au Louvre, le 25 septembre 1665. « Rien n'est plus curieux, dit
Pierre Clément, que d'en étudier, au point de vue historique, les incidents principaux. »

Un discours de Louis XIV précéda la discussion et en détermina
l'objet :

« Sa Majesté les ayant salués, leur a dit qu'il y avoit longtemps qu'il
» souhaitoit de se rencontrer dans cette assemblée, pour faire régner la
» justice dans son royaume ; qu'il sçavoit en avoir un grand besoin par
» les désordres que la guerre et sa minorité avoient causés ; que, depuis
» longtemps, il en recherchoit les moyens, et que la chose ne lui avoit
» pas paru entièrement impossible, quoyque certainement il y recon-
» nust de grandes difficultés, mais que cette considération l'obligeoit
» plus particulièremnt de l'entreprendre, parce qu'un prince qui a de
» l'ambition doit s'occuper fortement aux choses difficiles ; qu'il espé-
» roit du secours et de la coopération de *Messieurs* (les conseillers au
» Parlement), que la chose recevroit le succès qu'il en attendoit, d'au-
» tant plus qu'il estoit résolu de s'y appliquer avec assiduité, et que le

utiles par la simplification des formes et l'aboli-
tion des abus ; mais elle renfermait un article,
— l'article VI, — qui s'adressait aux Parlements,
à leur manie de discuter les déclarations du Roi
et quelquefois de les suspendre :

« Seront tenues nos Cours de Parlement.....
» procéder incessamment à la publication et en-
» registrement des ordonnances, édits, déclara-
» tions et autres lettres aussitôt qu'elles leur
» auront été envoyées sans y apporter *aucun*
» *retardement et toutes affaires cessantes*[1]. »

L'ordonnance de 1667 avait été enregistrée à
Paris, en lit de justice, c'est-à-dire le Roi présent, toutes discussions supprimées, les suffrages
recueillis isolément et à voix basse. D'Épinay
Saint-Luc représentait le Roi ; il y aurait eu

» conseil *(le conseil de justice)* qu'il avoit assemblé n'estoit pas pour
» une ou plusieurs années, mais qu'il entendoit l'employer et l'appeler
» auprès de luy pendant le cours de toute sa vie. »

Louis XIV annonça dans la même séance, en s'aidant des notes qu'il
avait prises, dit-il, à Villers-Cotterets, l'intention de réformer le personnel des compagnies souveraines, et, à cet effet, d'y envoyer des
maîtres des requêtes. Il ajouta que son principal but était, en exoné-
rant ses sujets des frais de procédure qui les dévoraient, de rendre la
justice entièrement gratuite. Intention excellente, vœu digne de ce
grand prince, mais que les dispendieuses constructions de Versailles
et les guerres qui allaient bientôt surgir ne lui permirent jamais de
réaliser. (Cf. Pierre Clément, *La Réforme des codes sous Louis XIV*,
Revue des questions historiques, t. VII, p. 121.)

(1) Bornier, *Conférences des nouvelles Ordonnances de Louis XIV*,
t. I, p. 4.

plus que de l'audace à ne pas obéir ; la Cour de
Bordeaux s'inclina devant cette nouvelle expression de la volonté royale. Il n'y eut pas de remontrances, mais Arnaud de Pontac n'en fit pas
moins remarquer « que les Rois *les avoient toujours permises en pareil cas* [1]. »

L'année suivante, du Blanc, présidant aux
Enquêtes, et le conseiller Volusan, se permirent
de dénoncer à la compagnie des ordonnances de
l'intendant Pellot qui entreprenaient sur sa juridiction, et qui « pouvoient, disaient-ils, causer
de grands maux à la province. » Du Blanc et Volusan apprirent à leurs dépens que l'opposition
parlementaire n'était plus de saison. Ils furent
l'un et l'autre exilés à La Rochelle [2].

Si, revenant sur nos pas, nous regardons dans
les rangs du peuple, là encore nous verrons que
la Fronde n'avait pas désarmé.

Au mois de juillet 1654, il y a « des semences
de brouilleries » dans Bordeaux, et à ce sujet
l'archevêque signale au comte d'Estrades les
bruits que font courir les factieux [3]. — Le maire
rapporte à son tour les discours qui se tenaient

---

(1) Boscheron des Portes, *Histoire du Parlement de Bordeaux*,
t. II, p. 196.
(2) Idem, ibidem, t. II, p. 198.
(3) Archives Hist. de la Gironde, t. XVIII, p. 472.

tant dans la ville que dans la campagne où l'on
disait qu'il était venu pour établir la gabelle
avec une infinité d'impositions. Il y eut des
assemblées de séditieux et des écrits placardés
invitant « d'aller assommer tous ceux qui tra-
vailloient au château Trompette. » Si bien que
d'Estrades jugea à propos de faire venir cent
bons hommes de son régiment, de doubler la
garde de la maison de ville et d'exhorter les
Cent-Trente « à demeurer fermes pour le service du Roy[1]. » Enfin, le 29 août 1654, il fit
pendre sur la place du Palais, pour un simple
vol commis à deux lieues de la ville, un homme
qui avait été sergent de Dureteste, et que l'on
soupçonnait d'afficher les placards. « Je l'ay
fait juger prévôtalement, écrivait-il. Cet exemple étoit nécessaire dans Bordeaux[2]. »

En septembre 1656, on est informé qu'un impôt de 2 écus par tonneau va être mis sur les
vins. C'était toucher la population à l'endroit le
plus sensible ; malgré le risque qu'il y avait à
laisser voir son impatience à une époque où la
qualité d'ancien Ormiste était une recommanda-
tion pour être pendu, elle ne put comprimer

(1) Tamizey de Larroque, *Lettres inédites*, etc., p. 88. — Archives
Hist. de la Gironde, t. II, p. 98, et t. VIII, p. 489.
(2) Tamizey de Larroque, ibidem, p. 90.

ses murmures. Des placards furent cette fois
encore affichés aux lieux les plus apparents de
la ville, et quelques particuliers, logés dans
l'hôtellerie du *Chapeau-Rouge*, soupçonnés
d'être partisans de l'imposition, furent *insultés*. Le comte d'Estrades était absent de Bordeaux[1]; on fut obligé, pour apaiser ces rumeurs,
de publier une lettre de M. de Lavrillère, secrétaire d'État, assurant aux Bordelais que « c'estoit une fausse alarme et que telle n'estoit
point l'intention de Sa Majesté. »

L'année suivante, vers le mois de juillet, on
apprend que les fermiers du convoi, ou comme
nous dirions aujourd'hui les employés de la
douane, exigent à Royan et dans les divers ports
de la Charente, de la Gironde et de la Seudre, le
droit de 1 sol pour livre. Nouvelle émotion dans
la ville et représentations des Jurats à la Cour ;
sur quoi celle-ci ordonne aussitôt que très-
humbles remontrances seront faites au Roi[2], et
« cependant, *sur son bon plaisir*, fait inhibition
à tous ceux qui sont préposés aux dites levées de
les continuer à telles peines que de droit[3]. »

(1) Il avait quitté Bordeaux l'année précédente, au mois d'août 1655,
pour aller prendre part à la guerre de Catalogne.
(2) Pontellier, *Chronique Bourdeloise*, p. 80 et 83.
(3) Arrêt du 31 juillet 1657, — signé Suau, et M. de Pontac, premier
président.

Pendant que les habitants de Bordeaux aux prises avec les employés des fermes résistaient à leurs taxes et se plaignaient au Roi de leurs vexations[1], les populations de la province, soumises à un régime bien autrement dur, ne supportaient pas sans humeur les impôts et les garnisaires qui pesaient sur elles.

« Si Votre Éminence, disait le 23 août 1654, le comte d'Estrades, ne retire les troupes de la Guienne, elle sera en estat de ne s'en pouvoir jamais remettre, et le Roy ne pourra rien tirer des tailles ni des restes. Votre Éminence en usera, s'il lui plait, selon sa prudence ordinaire, et considèrera que, n'ayant ni pain ni argent, les troupes vivent à la campagne avec beaucoup de licence[2]. »

Le recouvrement des tailles était devenu à ce point difficile dans l'élection de Bordeaux, que le maire de Bordeaux, qui était en même temps gouverneur de la province, se vit forcé de donner une escorte aux huissiers porteurs de contraintes et aux commis de la Recette[3]. A La Réole, on envoya deux compagnies de cavalerie

(1) Pontellier, *Chronique Bourdeloise*, p. 96.

(2) Tamizey de Larroque, *Lettres inédites*, etc., p. 89.

(3) Autorisation du comte d'Estrades à l'huissier Saint-Cric, 23 décembre 1654, publiée par M. Léo Drouyn, dans les Actes de l'Académie de Bordeaux, ann. 1873, p. 49.

pour contraindre les récalcitrants[1]. Une véritable sédition, causée ou attisée par les déborde-
ments de la soldatesque, éclata dans les juridictions de Coutras et de Montguyon. D'Épinay
Saint-Luc, lieutenant général en la province de
Guienne, y vint avec des troupes pour rétablir
la tranquillité ; il eut beau accorder de nombreuses lettres de pardon, il s'était à peine éloigné, que les troubles recommencèrent avec
accompagnement de pillages et de voleries. On
déploya de grandes rigueurs. Un des coupables,
condamné à mort, fut exécuté sur les lieux ;
d'autres furent envoyés aux galères ou bannis ;
mais il y eut encore des attroupements, et, de
guerre lasse, on donna une amnistie générale
pour calmer l'agitation[2].

Quinze ou dix-huit ans plus tard, l'esprit était
encore si peu sûr dans certaines campagnes de
la Guienne, qu'on dut y organiser, à l'aide des
chasseurs et des porteurs d'épée, une espèce de
milice rurale chargée du maintien de l'ordre[3].
Un état de misère général, la dureté des collec-
teurs, les mauvais traitements des troupes can-

(1) Archives Hist. de la Gironde, t. xv, p. 587.
(2) Léo Drouyn, *Tizac de Galgon,* Act. de l'Acad. de Bordeaux, 1873,
p 59 à 61.
(3) Archives Hist. de la Gironde, t. xviii, p. 314.

tonnées jetaient les populations dans une sorte
de désespoir et leur mettaient ainsi les armes à
la main. Les entreprises d'un pouvoir qui ten-
dait de plus en plus vers l'absolutisme ajou-
taient une excitation nouvelle à toutes ces causes
de mécontentement. Elles finirent par amener
sur la scène un corps que l'omnipotence du
Parlement ou celle de l'Ormée avait jusqu'alors
laissé dans le demi-jour.

Le corps des magistrats chargé du gouvernement de la ville avait éprouvé de grandes varia-
tions depuis l'organisation de la Commune par
les rois d'Angleterre[1]. Les jurats, qui étaient
cinquante à l'origine, avaient été réduits à douze
vers la fin du XIVᵉ siècle[2], à six, en 1550, après
la terrible émeute de la Gabelle[3]. Le maire,
autrefois élu tous les deux ans, était, depuis la
Fronde, devenu perpétuel et à la nomination du
Roi[1]. Les jurats seuls étaient encore le fruit de
l'élection; celle-ci était confiée à vingt-quatre
notables ou prud'hommes auxquels se joignaient
les jurats eux-mêmes[5].

(1) Livre des Bouillons, nº 73, p. 241.
(2) Dom Devienne, *Hist. de Bordeaux*, t. II, p. 282.
(3) Darnal, *Chronique Bourdeloise*, p. 65.
(4) Bernadau, *Histoire de Bordeaux*, p. 285.
(5) Les anciens statuts de la ville et cité de Bourdeaus, S. Millanges, 1593, p. 1.

On comprend que d'intrigues s'agitaient autour de ce collége électoral, et quel rôle les
passions politiques devaient jouer chaque année
dans le choix des nouveaux représentants de la
cité. Bien des hommes que leur capacité ou leurs
services eussent appelés aux fonctions municipales en étaient exclus, parce qu'ils n'étaient
pas en faveur auprès de la Jurade existante et
des vingt-quatre notables. En 1669, un avocat
de grand renom, — car M° Tillet, en sa *Chronique*, parle à maintes reprises de ses beaux
discours et de sa rare éloquence[1], — était au
nombre de ces candidats malheureux, que la
cabale empêchait d'arriver à l'Hôtel-de-Ville.

Le sieur de Litterie, tenu à distance par ses
concitoyens, se retourna vers l'autorité royale.

Avait-il, auprès de Louis XIV, un passé qui
plaidât en sa faveur? Tenait-il de près ou de
loin à ce Raymond de Litterie qui fut jeté en
prison et manqua être pendu sous l'Ormée pour
avoir épousé trop chaudement le parti du Roi?
C'est ce qu'il nous a été impossible d'établir;
toujours est-il que le Roi intervint en sa faveur,

---

[1] « Le sieur de Licterie portoit la parole avec cette éloq ence et cet
air de bonne grâce qui le faisoit toujours admirer. » — Tillet, *Chronique Bourdeloise*, p. 64. — Ce nom n'a pas une orthographe uniforme;
il est écrit Litterie dans Pontellier, et Licterie dans Tillet.

et, au mois de juin ou de juillet, un archer de
la Prévôté, servant près de M. Pellot, intendant
de la province, apporta à l'Hôtel-de-Ville une
lettre de cachet, « par laquelle Sa Majesté *dési-
roit* qu'à la prochaine élection qui se devoit faire
le 1er août prochain, le sieur Vivey fût conti-
nué[1] pour y servir au quatrième rang avec les
sieurs Litterie et Mercier qu'Elle *vouloit* être
nommez jurats[2]. »

Les jurats en exercice, fort émus de cette
innovation, écrivirent à Sa Majesté pour l'infor-
mer de la brèche que ces ordres faisaient à leurs
statuts, et le supplièrent de n'y pas donner suite.
Le Roi, ajoute la Chronique Bordelaise, *ne
jugea pas à propos de relâcher*, et un arrêt du
Conseil ordonna que Vivey, Litterie[3] et Mercier

---

(1) Vivey, trésorier général de France, élu jurat le 1er août 1657,
était arrivé au terme de sa magistrature.

(2) Pontellier, *Chronique Bourdeloise*, p. 102.

(3) Le sieur de Litterie, nommé jurat en 1659, par la volonté de
Louis XIV, fut élu de nouveau en 1679, mais cette fois par le suffrage
libre de ses concitoyens. Il y eut, sans aucun doute, dans cet intervalle, un revirement de l'esprit public, car Litterie nous paralt, dans
la seconde période, aussi populaire qu'il l'était peu dans la première.
Le 16 janvier 1689, il reçoit de MM. les Jurats, moyennant l'hommage
d'une paire de gants, cent journaux de landes avec droit de chasse
dans l'étendue de la paroisse de Léognan, « en considération, dit le
chroniqueur, des grands services qu'il avoit rendus à la ville. » Il y eut
même à ce sujet une délibération de l'assemblée des Cent-Trente. —
Plus tard Litterie fut nommé l'un des quatre conseils de la ville, place
rétribuée qu'il conserva jusqu'à sa mort, en 1691. — Ses descendants

seraient admis à la charge de jurats; — du reste,
« sans déroger aux priviléges et sans tirer à
conséquence pour les années suivantes. »

Ce léger corréctif n'était malheureusement là
que pour la forme; il donnait une espérance
qui ne fut pas réalisée. On approchait de l'heure
où le gouvernement royal allait absorber tous
les pouvoirs locaux, et cette élection par ordre
n'était, au fond, que la préface d'empiétements
de toute nature sur les franchises communales.

La Jurade, composée de six membres, se
renouvelait par moitié tous les ans et se constituait ainsi par l'élection d'un gentilhomme, d'un
avocat et d'un marchand. En 1670, parut un
arrêt du Conseil d'État qui doublait le nombre
des marchands, et n'attribuait aux avocats et
aux gentilshommes qu'une seule nomination
alternative [1].

L'arrêt, conçu dans un esprit tout à fait dé-
mocratique, aurait dû, ce semble, plaire à la
population commerçante dont il agrandissait le
rôle au dépend de la noblesse et du barreau;
mais il avait le tort d'être en contradiction avec

durent entrer au Parlement de Guienne; on voit, en effet, par une
liste des conseillers à la Cour, au xviii° siècle, que Jean-Baptiste-
Joseph de Licterie appartenait à cette compagnie depuis l'an 1733.

[1] Pontellier, *Chronique Bourdeloise*, p. 104 et 105.

un ancien usage devenu même l'un des règlements de la cité. La nouvelle Jurade, travaillant
en quelque sorte contre ses intérêts, puisque les
marchands y étaient en majorité, convoqua les
Cent-Trente en assemblée solennelle; elle agita
la question, députa des commissaires, fit des
remontrances très-humbles, mais très-persistan-
tes [1], et réussit, après quatre ans de démarches,
à obtenir un arrêt qui rétablissait l'ancien ordre
électif [2].

Poursuite digne d'éloge et qui méritait le
succès qu'elle obtint, car elle sauvegardait un
principe. Elle nous montre ce qu'il y avait encore d'énergie dans le corps municipal, et de
quel désintéressement étaient capables les notables du commerce bordelais [3] pour conserver
intacts les vieux statuts de leur ville.

A vrai dire, cette époque où s'illustra la Jurade fut une vie de luttes continuelles. Il n'est
pas d'années où quelque atteinte à ses priviléges
ne l'obligent à de nouveaux combats.

---

(1) Pontellier, *Chronique Bourdeloise*, passim. — Tillet, *Chronique
Bourdeloise*, p. 12 et 17.

(2) Tillet, ibidem, p. 21.

(3) Voici les noms des bourgeois qui figurent dans la Jurade, à l'épo-
que du doublement; ils méritent d'échapper à l'oubli : 1670, Noguès et
Losteau; 1671, Sabatier et Valoux; 1672, Duribaut et de Bechon ; 1673,
Boisson et Roche; 1674, de Minvielle et de Carpentey.

Le 13 juillet 1671, M. d'Aguesseau, intendant de Guienne, commande la confection d'un nouveau papier terrier et la reconnaissance du domaine royal dans la généralité de Bordeaux. Il y avait dans cette ordonnance « divers articles qui blessoient les droits de la ville et de la généralité ; » les jurats, toujours sur la brèche, appellent les Cent-Trente, convoquent les villes filleules et présentent requête à M. l'Intendant pour obtenir un sursis qui donne le temps de se pourvoir vers Sa Majesté [1].

On voit, dans les années suivantes, se renouveler les mêmes efforts, et chaque fois pour une liberté à maintenir : ici l'exemption des tailles, là les droits de franc fief, plus loin la possession du franc aleu [2]. Et c'est sans doute pour avoir sous la main des arguments nouveaux qu'en juin 1673, la Jurade bordelaise charge un de ses membres [3] d'écrire en Angleterre et de faire venir une expédition en forme des priviléges de la ville renfermés à la Tour de Londres [4].

---

(1) Pontellier, *Chronique Bourdeloise*, p. 108.

(2) Tillet, *Chronique Bourdeloise*, p. 11 et 12.

(3) Le négociant Duribaut, qui obtint une copie des titres par le moyen de ses correspondants.

(4) Tillet et après lui beaucoup d'autres ont accusé les Anglais d'avoir emporté les titres en abandonnant la Guienne. C'est une erreur qu'une connaissance moins superficielle de l'histoire aurait permis d'éviter : les Anglais quittèrent Bordeaux en vaincus. Ils furent con-

Cette défense obstinée put échouer quelquefois ; elle fut le plus souvent heureuse[1]. Elle
signala cette période de quatre ou cinq années
(1670-1674), qui fit passer la Jurade entre les
mains de la bourgeoisie ; elle commença avec
l'avènement aux affaires des gens de négoce, et
disparut ou s'affaiblit avec le retour à l'ancienne
constitution.

En aucun temps, les bourgeois de Bordeaux
ne furent en plus grand honneur ni plus vail-
lamment représentés ; — et cependant si, après
avoir vu la *nouvelle* Jurade à l'œuvre, nous re-
cherchons ce que fut, à la même époque, la bourgeoisie bordelaise, nous ne trouvons, dans cette
classe si importante, ni l'appui ni les sympathies qu'une population éclairée accorde d'ordinaire à l'autorité quand celle-ci est sortie de ses
rangs.

Jalousie de métier, ou bien rancune contre des
magistrats qu'on ne trouve pas suffisamment
dévoués à la classe des marchands, on dirait

---

duits au lieu d'embarquement par compagnies, sous la surveillance
des hérauts d'armes ; ils ne purent donc enlever nos archives Les
pièces qui se trouvent à Londres, au Record Office, sont des originaux:
elles figurent là comme dans leur dépôt naturel. — On trouvera une
excellente réfutation de ce préjugé par M. Jules Delpit, dans la collection de ses *Documents Français*, Introduct., p. xiv.

(1) Particulièrement pour l'exemption des tailles ; voyez Tillet, *Chronique Bourdeloise*, p. 20.

qu'à ces yeux prévenus les jurats ne repré-
sentent pas la cause commune. Les bourgeois
jouent l'indifférence et se tiennent à l'écart.
Ils semblent dire : « Ces hommes de l'Hôtel-
de-Ville sont leurs propres élus; ils ne sont
point les nôtres. » — Aux jours d'agitation
populaire, les Bordelais restent au logis et
laissent la Jurade aux prises avec les attroupements.

Il y a particulièrement chez eux peu d'empressement dans la garde ou dans la police de
la cité : les rues sont encombrées d'étudiants,
de clercs ou de laquais qui portent l'épée et la
tirent à la moindre querelle[1]; les écoliers se
battent à coup de fronde, soit dans la ville, soit
hors la ville[2]; les marchands du Haut-Pays
s'emparent des quais pour y exposer leurs vo-
lailles, des bateliers transportent des grains
sans prendre de billet ou d'acquit[3]. — Les
jurats, ne pouvant suffire au maintien de l'ordre,
commandent à tous, bourgeois, manans ou habitants, de leur prêter main forte. Leurs injonc-
tions sont expresses et réitérées; il y a peine de
100 livres d'amende si on ne répond pas à leur

---

(1) Tillet, *Chronique Bourdeloise*, p. 5.
(2) Idem, ibidem, p. 6.
(3) Idem, ibidem, p. 7.

première semonce[1]. Il y a urgence, l'ordre est troublé ; peu importe, les « bourgeois, manans et habitants » ne donnent pas signe de vie.

Qu'il s'agisse des jurats eux-mêmes, que l'existence de l'un d'eux soit menacée, ils ne quittent pas davantage leurs demeures, ou bien ils restent spectateurs indifférents de la lutte.

Le 21 mars 1674, M. de Ponchac, écuyer et *premier jurat gentilhomme*, — et c'est peut-être là le secret de l'avanie, — fut assailli, dans la rue du Loup, « par des personnages inconnus qui mirent l'épée à la main contre lui. » Plusieurs habitants de la rue, témoins de cette action, ne se donnèrent aucun mouvement, si bien qu'ils furent condamnés à l'amende, puis emprisonnés, pour n'avoir pas prêté main forte à leur magistrat[2].

Ainsi agissaient-ils, sous l'Ormée, quand, pour un trouble quelconque, on leur demandait d'intervenir. — En 1652, un jurat ayant voulu, par l'ordre du président Daffiz, mettre les bons bourgeois sous les armes, personne ne lui avait obéi, et c'est à peine s'il put en trouver un nombre suffisant pour la garde des portes[3].

(1) Ordonnance du 5 octobre 1672.
(2) Tillet, *Chronique Bourdeloise*, p. 14.
(3) Dom Devienne, *Histoire de Bordeaux*, t. I, p. 452.

En 1674, on était en guerre avec l'Espagne[1]. M. le Maréchal d'Albret, gouverneur de la province, faisait des levées dans toute l'étendue de son gouvernement; il appelait aux armes non-seulement les gentilshommes de Guienne, mais encore les bourgeois. « Le Tiers-État, *qui n'a pas moins de zèle* (?) — disait-il, — pourra très-utilement servir[2]. » À tort ou à raison, on regardait comme possible une attaque de la ville par les Espagnols, et, sur l'invitation du Maréchal, les bourgeois reçurent, à peine de 500 livres d'amende, l'ordre de se pourvoir de blés, de farines, d'armes et autres munitions, « pour s'en servir en cas de besoin au premier commandement. » Cet ordre, si naturel en temps de guerre, déplut à plusieurs habitants, et, le lendemain, on trouva sur les murs des placards séditieux qui, au dire d'un contemporain, « allaient contre le service du Roi et la tranquillité publique[3]. »

On informa contre ces factieux pour les punir, selon la rigueur des lois. L'histoire ne dit pas si on réussit à les découvrir; en attendant, on redoutait à tel point l'effet de ces provocations,

(1) La publication de la guerre eut lieu à Bordeaux le 30 octobre 1673.
(2) Archives Hist. de la Gironde, t. xviii, p. 261.
(3) Tillet, *Chronique Bourdeloise*, p. 18.

que, de ce jour, « on fit patrouille toutes les
nuits. »

Qu'on rapproche maintenant ces manifesta-
tions de toute nature. — L'attitude des campagnes, l'agitation de la ville, la mauvaise humeur
des bourgeois, les placards incendiaires au coin
des rues, rien de tout cela n'indiquait un état
paisible. En réalité, vingt-deux ans après la
Fronde, nous sommes en face d'une population
irritable, jalouse de ses libertés, que tout changement inquiète, et qu'une nouvelle atteinte à
ses droits va jeter encore dans les aventures.

CHAPITRE V

L'INSURRECTION DES POTIERS D'ÉTAIN

Dans les derniers jours de mars 1675, on sut qu'une imposition, nécessitée par les grands frais de la guerre, venait d'être mise sur tous les objets d'étain, et que le *Traitant,* chargé de la perception, faisait procéder à la marque chez un *pintier* [1] de la rue du Loup.

L'étain est peu employé de nos jours, l'argenture galvanique a détrôné ce métal; mais, autrefois, dans la classe moyenne surtout, rien n'était moins rare que de voir aux *vaisseliers* des ménagères s'étaler tout un assortiment de plats, de salières, de vinaigrières, de tasses et de canettes, que des mains soigneuses faisaient briller à l'égal de l'argent [2].

Par les spécimens qui en restent encore, on

[1] Nom que l'on donnait à Bordeaux aux potiers d'étain; on les appelait également estainguiers.

[2] Anciens et nouveaux statuts de la ville et cité de Bordeaux, 1701, Simon Boé, p. 289.

voit que plusieurs de ces vases égalaient presque
les produits de l'orfèvrerie, par l'élégance des
formes et la perfection des ciselures. Il est peu
d'antiquaires qui ne possèdent quelques-uns de
ces chefs-d'œuvre ornés d'enroulements, d'ar-
moiries ou de sujets allégoriques ; et on connait,
au moins par la gravure, la belle aiguière de
François Briot, qui fait aujourd'hui partie de la
collection de M. Dutuit[1].— En 1572, sur l'ordre
de la Jurade, un *estainguier* de Bordeaux,
nommé Nicolas David, avait fabriqué des mesures pour liquides aux armes de la ville, avec
accompagnement d'inscriptions ou de devises.
Le travail fut trouvé si parfait, que les mesures
servirent d'étalon et que les jurats donnèrent
à Nicolas David des lettres de bourgeoisie[2].

Il se faisait à Bordeaux un grand commerce
d'ustensiles en étain, particulièrement de ceux
qui sont à l'usage commun, tels que pots à vin,
plats et écuelles. Les pintiers[3] qui les fabri-

---

(1) Philippe Burty, *Chefs-d'œuvre des arts industriels*, p. 488.

(2) Ernest Gaullieur, *Les Corporations à Bordeaux. — Pintiers
et Estainguiers*, Revue d'Aquitaine, t. XII, p. 499.

(3) « Et auront les compagnons dudict mestier (les pintiers) pour
douzaine de pots, tant grands que petits, 15 sols tournois, et pour
douzaine de plats 7 sols et demy tournois, et pour douzaine d'escuel-
les 3 sols tournois, sauf de augmenter le prix, comme le temps le re-
querra. » (Les anciens statuts de la ville et cité de Bourdeaus, p. 284,
285.)

quaient formaient une corporation puissante,
et ils avaient figuré au temps de la Fronde parmi
les Ormistes les plus redoutables[1].

La rue du Loup, où plusieurs d'entr'eux
avaient leurs boutiques, était une des plus importantes de Bordeaux[2] ; elle était aussi habitée
par des fourbisseurs d'épée et d'autres artisans[3]
dont les ouvriers, peu favorables aux magistrats
municipaux[4], pouvaient, un jour d'émeute, se
joindre à la foule et augmenter le désordre.

L'émotion fut vive dans ce quartier populeux
et y devint bientôt menaçante. Les troubles
commencèrent, le 26 mars, par une démonstration des femmes de la halle qui se jetèrent sur
les commis du Traitant, en criant : *Aux Gabe-
leurs !* La gabelle était l'impôt du sel, le plus
abhorré de tous les impôts ; aussi la populace en
avait-elle fait une insulte et une sorte de nom
générique qu'elle appliquait indifféremment à
toutes les taxes.

(1) Le conseil de guerre de l'Ormée, composé de quarante personnes,
comptait, outre Dureteste, Villars, Guiraut et quelques autres, un
grand nombre de corroyeurs et de *pintiers.*

(2) On l'appelait, au Moyen-Age, la *Grande Rue* qui va vers Saint-
André.

(3) Couteliers, manchonniers, pelletiers, etc. —Voyez Baurein, *Recherches concernant la ville de Bordeaux,* Mns. f° 191; Léo Drouyn,
Bordeaux vers 1450, p. 271; Bernadau, *Viographe Bordelais,* p. 206.

(4) Voyez *Suprà,* p. 91, l'attaque dirigée contre M. de Ponchac.

Le soir, il y eut conciliabule dans la rue du Loup, et, le lendemain[1], sortirent des rues aboutissantes quantité de gens avec des bâtons ou des pierres, criant : *Vive le Roi sans gabelle !* et annonçant bien haut l'intention d'assommer les commis. A ces premiers arrivés, vinrent se joindre de nouvelles bandes descendues du quartier Saint-Michel et des autres faubourgs. Les jurats essayèrent vainement de maintenir à leur poste les employés de la Marque ; c'est tout juste s'ils purent les arracher à la fureur de la multitude en les conduisant à l'Hôtel-de-Ville. Ce premier lieu de refuge devint bientôt lui-même un insuffisant asile. Assiégés de toutes parts, craignant à chaque minute de voir les portes forcées, les jurats profitèrent de la nuit pour faire sortir les employés et les envoyer au château Trompette.

Ces malheureux n'échappèrent que par une sorte d'emprisonnement à une mort certaine : on trouva, en effet, le soir même, devant la Maison commune, le cadavre d'un pauvre bourgeois que les séditieux avaient tué le matin, à la porte de la Grave, sur le simple soupçon d'avoir épousé la cause du Traitant. Ils avaient traîné

(1) 27 mars 1675.

tout un jour le corps par les rues, affectant de
s'arrêter devant l'hôtel de M. le premier Président, devant l'hôtel de M. le Trésorier général
et d'autres logis d'importance, comme s'ils eussent voulu, par là, avertir leurs propriétaires
du sort qu'ils préparaient à tous les partisans de
l'impôt[1].

Rue Neuve, chez un pintier nommé Taudin,
dont le grand crime était d'avoir souffert la
marque de l'étain, ils saccagèrent la boutique et
jetèrent à pleines charretées sa vaisselle dans
le fleuve, détruisant ainsi, sans profit pour eux-
mêmes, la valeur de 40,000 livres[2].

L'insurrection se porta, le jour suivant[3], vers
la place Puy-Paulin et le Chapeau-Rouge où
habitaient les plus riches bourgeois, des conseillers ou des présidents à la Cour, l'intendant de
Guienne et d'autres hauts fonctionnaires. Les
malfaiteurs y mirent plusieurs maisons au pillage. L'une des plus exposées appartenait à
M. de Vivey, ce trésorier général de France,
qu'une lettre de cachet émanée de Louis XIV
avait, en même temps que l'avocat de Litterie,

(1) Pierre Clément, *Histoire de la vie et de l'administration de
Colbert*, p. 359.
(2) Idem, ibidem, p. 360.
(3) Le 28 mars.

imposé aux Prud'hommes lors des élections de
la Jurade, en l'an 69. La populace y vit-elle une
occasion de frapper un ancien magistrat objet de
sa haine, ou voulut-elle seulement atteindre en
lui l'agent supérieur des finances? Il n'en est
pas moins certain que la maison fut envahie et
que M. de Vivey eut à peine le temps de se jeter
dans le carrosse de M. de Montaigu pour gagner
au galop le château Trompette. On commençait
à tout saccager et on brûlait déjà dans la basse-
cour les objets les plus précieux, lorsqu'une sortie de la garnison arriva fort à propos pour
dégager la place. Les soldats de Montaigu [1]
« donnèrent vigoureusement sur ce tas de canaille [2], » en étendirent quelques-uns sur le
carreau et firent plusieurs prisonniers. Le reste
se dispersa à la faveur de la nuit.

Ce petit succès fit voir qu'une répression énergique aurait écrasé la révolte. Par malheur, la
France avait alors sur les bras une des plus
grandes guerres qu'elle ait eu à soutenir. Ses
régiments étaient au loin sur les frontières, où
ils avaient en face d'eux Montécuculli avec l'armée austro-hollandaise [3]. Le gouverneur de la

---

(1) Le comte de Montaigu, commandant du château Trompette.
(2) Tillet, *Chronique Bourdeloise*, p. 26.
(3) Castel, *Annales politiques*, t. 1, p. 200.

province n'avait que ses gardes, fort peu de gentilshommes et la modeste garnison des deux châteaux. Pour renforcer ce petit corps, les jurats ordonnèrent aux bourgeois de prendre les armes. Ceux-ci ne répondant point à l'appel, vieux péché d'habitude contracté sous l'Ormée, le Parlement rendit un arrêt qui défendait les attroupements et enjoignait à tous les chefs de famille de se rendre incontinent à leurs places d'armes pour y recevoir les ordres de leurs capitaines.

L'esprit qui animait les factieux avait fait déjà de tels progrès qu'on eut beaucoup de peine à former les compagnies. Les bourgeois intimidés, dit un historien [1], n'osaient se ranger à l'ordre de leurs chefs. La plupart se firent remplacer par leurs domestiques, et les artisans se mêlant aux valets, au lieu d'une milice disposée à combattre, on eut une milice elle-même révoltée, qui se mit à crier comme les mutins : *Vive le Roi sans gabelle !* en présence de jurats et malgré leurs réprimandes.

A partir de ce moment, les séditieux furent maîtres de la ville. Dès le premier jour, ils avaient sonné le tocsin à Saint-Michel, convo-

---

[1] Dom Devienne, *Histoire de Bordeaux*, p. 186.

quant ainsi le peuple aux barricades Pour grossir leur nombre, ils coururent à Sainte-Croix et
à Sainte-Eulalie, y mirent en branle les cloches
et ouvrirent la porte Saint-Julien aux habitants
des campagnes voisines. Dans les paroisses plus
éloignées, ils dépêchèrent des hommes actifs
qui avaient pour mission de faire lever les paysans et de les pousser sur Bordeaux.

Des jurats et des conseillers au Parlement qui
osèrent aller parmi ces furieux coururent les
plus grands périls. Boisson, jurat du quartier
Saint-Michel, resta deux heures entre leurs
mains exposé à tous les outrages. Le conseiller
Tarneau, ayant voulu leur parler avec quelque
raison, fut tué d'un coup de mousquet, à la porte
de son logis, et son corps percé de plusieurs
coups de poignard, jusque dans les bras de sa
femme, qui fut elle-même frappée[1].Trois autres
membres du Parlement, le président Lalanne,
MM. d'Andrault et de Marbotin furent gardés
comme otages et ne recouvrèrent la liberté que
par échange contre les mutins retenus au château Trompette[2].

(1) Pierre Clément, *Histoire de Colbert*, p. 362.
(2) Cet échange eut lieu par les soins du jurat Fonteneil ou Fontenel,
au milieu des plus grands dangers. Fonteneil, durant sa mission, fut
arrêté plusieurs fois par les séditieux qui le menacèrent de l'égorger
lui-même s'il n'obtenait de Montaigu la remise des prisonniers.

On eut ainsi pendant plusieurs jours le spectacle d'une ville en révolution : Sainte-Croix et Saint-Michel, quartier général de la révolte, avaient la physionomie d'une place de guerre. Les cimetières de ces deux églises formaient un camp retranché, où, le soir venu, on allumait de grands feux pour éclairer le bivouac, comme font les soldats en campagne.

Le 29 mars, ils étaient déjà au nombre de quatre ou cinq mille, armés non plus de bâtons ou de pierres, comme les potiers d'étain du premier jour, mais de fusils, de couteaux et d'épées. En même temps on annonçait l'arrivée d'un grand nombre de paysans, dont l'avant-garde était déjà sous les murs.

Excités par ces renforts, ils eurent promptement envahis les principales avenues, criant qu'ils allaient mettre tout à feu et à sang, si l'on n'acceptait leurs propositions. Le passage de ces bandes, les actes de férocité qui s'étaient produits la veille avaient semé l'effroi dans Bordeaux[1]. Déjà plusieurs fonctionnaires, le trésorier Vivey, un secrétaire du Receveur général, Mᵐᵉ la Maréchale, Mᵐᵉ l'Intendante et peut-être l'Intendant lui-même s'étaient enfuis au château

---

[1] Pierre Clément, *Histoire de Colbert*, p. 359 à 365.

Trompette où ils restaient à l'abri des factieux [1]; les jurats, en contact avec ces énergumènes et plus exposés que d'autres à leur furie, commençaient à dire très-haut qu'il y allait de la conservation de la ville et qu'il fallait réunir le Parlement.

Certes, si l'on avait eu affaire à des magistrats disposés à tout braver, même la mort, pour maintenir le respect des lois, c'eût été là une mesure efficace. Mais, assemblée délibérante ou soldats sous les armes, les hommes se font presque toujours à l'image de ceux qui les mènent ; d'un autre côté, il arrive parfois, surtout aux époques de révolution, que les chefs naturels se laissent eux-mêmes influencer ou conduire par les passions du jour, ce qui rend l'autorité impuissante et la condamne bientôt à tout subir.

Il y avait alors à la tête des pouvoirs publics deux personnages de noms illustres vers lesquels se portaient tous les regards et dont l'attitude allait déterminer celle du Parlement, de la Jurade et même de la haute bourgeoisie. Le maréchal d'Albret et le président de Gourgues, qui remplaçait en ce moment le premier président d'Aulède, absent ou malade, recevaient de toutes

[1] Pierre Clément, *Histoire de Colbert*, p. 369.

parts des informations et ne voyaient pas dé-
semplir leurs demeures tant chacun éprouvait le
besoin de donner son avis ou de recevoir un
ordre.[1]

Le Maréchal qui avait, en sa qualité de gouverneur, le commandement de la force armée,
ne montra pas, il faut bien le dire, sa résolution
ordinaire. Sans être très-vieux[2], il n'avait plus
la vigueur de la jeunesse; il était affecté d'une
espèce de paralysie ou goutte remontée dans la
tête[3], et il avait, au moins le premier jour, témoigné une indifférence qui avait augmenté
considérablement le mal. Il se disposait cependant à tomber sur les rebelles, lorsqu'on vint lui
dire qu'avec des concessions on réussirait à les
calmer et qu'on éviterait ainsi de plus grands
malheurs. Mû par cette pensée, et accompagné
seulement de quelques gentilshommes, il se
transporta au milieu des révoltés. Il approchait
de Sainte-Croix, lorsqu'un homme du peuple,

---

(1) Voir Dom Devienne, *Histoire de Bordeaux*, p. 483 et suiv.

(2) Il mourut l'année suivante à l'âge de soixante-deux ans. On a
raconté de César-Phébus d'Albret que la vue d'un marcassin le faisait
tomber en syncope. Sa bravoure cependant n'est pas contestée. Il
avait appris la guerre en Hollande sous Maurice d'Orange; il se distin-
gua, en 1646, aux siéges de Mardick et de Dunkerque. Son zèle pour
Mazarin lui valut le bâton de maréchal en 1651.

(3) Lettre du 30 mars 1675, des maire et jurats gouverneurs de Bordeaux à Colbert, signée Duboscq.

tout couvert de guenilles, un *peilhoustre,* comme l'appelle un contemporain[1], s'en vint, le sabre haut, à trois pas de la tête de son cheval.

Le Gouverneur qui le voyait venir lui demanda :

— Eh bien! mon ami, à qui en veux-tu? As-tu dessein de me parler?

Le Peilhoustre, sans le moindre étonnement, lui répondit dans son jargon où l'idiome du pays se mêlait au français :

— Oui, dit-il, je suis député des gens de Sènt-Miquau, pour bous dire qu'ils sont bons serbi-tours d'au Rey, mais qu'ils ne bolent point de gabelle, ni de marque d'estain, ni de tabac, ni de papier timbré, ni de contrôle d'exploits, ni de 5 sols sur boisseau de blé, ni de greffes d'arbitrage.

Le Maréchal répondit fort doucement :

— Eh bien! mon ami, puisque tu m'assures que les gens de Saint-Michel sont bons serviteurs du Roi, je suis ici pour les assurer que je les viens prendre sous ma protection, pourvu qu'ils se désarment et qu'ils se remettent dans leur

---

(1) Peilhoustre, un homme dépenaillé du mot gascon *peilhe,* qui veut dire guenille. On disait dans le même sens *peilhandrous;* voyez le *Glossaire des mots des divers dialectes gascons,* p. 86. — M. Pierre Clément écrit *pelloustre* et propose de traduire : *pouilleux;* mais il n'appuie son explication d'aucune étymologie.

devoir, et leur promets que je me rendrai leur
intercesseur auprès du Roi.

— Eh bien! reprit le Peilhoustre, si cela est,
donnez-nous un arrêt du Parlement pour cela,
et nous serons contents, à la charge aussi que
vous obtiendrez une amnistie pour tout ce que
nous venons de faire, sans quoi nous vous déclarons que nous allons faire main basse sur tout
et que nous sommes résolus de périr plutôt que
de souffrir davantage [1].

L'homme couvert de guenilles venait de résumer, dans ce grossier discours, un ou deux mémoires rédigés par les séditieux et que le Maréchal eut la faiblesse de recevoir de leurs mains
pour les porter au Parlement.

Le Président de Gourgues [2] fut-il en quelque
sorte lié par les promesses du Gouverneur, ou
subit-il lui-même les inspirations de son entourage? Il est probable qu'il céda à ces deux influences. Compromis dans la Fronde [3], il avait
témoigné depuis cette époque un grand repentir [4], et il avait là, ce semble, une excellente

---

(1) Pierre Clément, *Histoire de la vie et de l'administration de Colbert*, p. 363.

(2) Jean de Gourgues, marquis de Vayres, mort en 1690.

(3) Boscheron des Portes, *Histoire du Parlement de Bordeaux*, t. II, p. 38 et 137.

(4) Idem, ibidem, p. 185.

occasion de montrer tout son zèle. Mais Jean de
Gourgues, sans manquer de valeur, n'avait pas
le grand caractère de ses aïeux[1]. Autant qu'on
en peut juger par le rôle généralement effacé[2]
que lui font jouer les historiens, ce devait être
un homme circonspect par nature, préoccupé
de ses intérêts[3], lent à prendre un parti, mo-
déré dans ses opinions, mais peu fait pour dominer les événements et parler en maitre dans
un moment critique.

Les procureurs, les huissiers et même les no-
taires étaient favorables à l'insurrection; et
M. de Sève, intendant de la Guienne à cette
époque, nous apprend qu'ils « travaillaient tous
les jours à entretenir le feu. » — Par leurs fonc-

(1) M. Louis de Villepreux a publié, en 1870, sur le plus remarquable des hommes de cette famille si justement considérée, un excellent
travail couronné en 1863 par l'Académie de Bordeaux. Voyez *Le premier président de Gourgues et le duc d'Epernon*, p. 12, 15, 18, 27 et
103.

(2) Ce fut seulement le lendemain de cette funeste journée, 50 mars
1675, que Jean de Gourgues trouva quelques mots pour répondre aux
jurats qui venaient lui rendre compte de ses ordres (1). — Il les remer-
cie de leur diligence et les eng. ge à continuer leur zèle pour la conservation de la ville et le maintien de la tranquillité publique; exhor-
tations banales, paroles à double sens, où l'on peut voir tout autant le
désir de complaire aux Bordelais que de servir le Roi.

(3) Au temps de l'Ormée, pour sauver son château de Vayres, Jean
de Gourgues prétendit garder la neutralité entre le prince de Conti et
le duc de Vendôme. — Il y gagna de voir son château ou ses terres ra-
vagées tour à tour par les deux partis. (Cf. Léo Drouyn, *Guienne anglaise*, t. II, p. 435 et 437.)

tions ou leurs offices, ils dépendaient du Parlement ; cependant de Gourgues n'osa ou ne put ramener au devoir ces auxiliaires de la justice qui ne repoussaient avec tant de violence l'impôt sur l'étain que pour se débarasser, du même coup, d'un droit tout pareil sur les actes de procédure [1].

Il faut ajouter que le palais de l'Ombrière était cerné par la populace. Huit ou neuf cents factieux, selon Tillet, plus de mille à entendre Dom Devienne, gardaient les issues, disant comme l'homme en guenilles de Sainte-Croix qu'on allait tout massacrer et tout brûler, si l'arrêt que demandaient les mémoires n'était pas rendu aussitôt.

Ainsi entourés, assourdis par les cris de mort, les membres du Parlement n'eurent pas l'héroïsme de ces vieux Romains qui affrontèrent les Gaulois sur leurs siéges d'ivoire. Ils firent ce que voulaient les séditieux et rendirent un arrêt portant que « très-humbles remontrances se- » roient faites à Sa Majesté afin qu'il lui plut de » donner une amnistie générale et d'abolir les » impôts établis. » En attendant, ils ordonnaient

---

(1) Voyez, pour tout ce qui concerne la participation des suppôts de la justice à l'émeute, Pierre Clément, *Histoire de la vie et de l'administration de Colbert*, p. 365.

« *sous le bon plaisir du Roi,* » qu'il serait sursis à la levée des taxes sur l'étain, les métaux, le tabac et le papier timbré [1].

Quelques jours après, une lettre du marquis de Châteauneuf vint annoncer, au nom du Roi, que l'amnistie était accordée, et comme la lettre ne disait rien du sursis aux impôts, ceux-ci furent de fait supprimés ou du moins suspendus.

Cette indulgence extrême remit pour un temps l'ordre dans les rues, mais elle ne ramena point le calme dans les esprits. Le peuple, toujours moralement révolté, enhardi même par sa victoire, se tint aux aguets, épiant les moindres bruits et prêt à descendre de nouveau des faubourgs sitôt que le signal en serait donné.

Il y avait eu, le 2 avril, dans le quartier Saint-Michel, une certaine émotion produite par un placard qui dénonçait divers amis de la Gabelle [2]; un ou deux mois plus tard [3], on trouva un écrit du même genre affiché sur les portes de l'Hôtel-de-Ville. Celui-ci annonçait le prochain rétablissement du papier timbré; il mena-

<hr>

(1) La Colonie, *Histoire curieuse et remarquable de la ville et province de Bordeaux,* t. III, p. 430); Tillet, *Chronique Bourdeloise,* p. 28.

(2) Despace, procureur au Parlement, Pierre Mauran, clerc du conseiller Bassaguet, Taranque, chirurgien, etc.

(3) En mai selon Pierre Clément, en juin selon Tillet.

çait de mort les jurats et même le Maréchal
d'Albret; il était signé : *Les Enfants perdus.*
On en chercha les auteurs; on trouva un cro-
cheteur et un porteur de chaises que l'on condamna aux galères perpétuelles, comme « ayant
voulu exciter une émotion au sujet de la disette
du pain ! »

Cette condamnation imméritée surprit beaucoup de monde. Elle inspira même au Président
d'Aulède une lettre étrange adressée à Colbert,
et où on lit textuellement ce qui suit : « Il y
» avoit bien de quoi faire moins, mais non de
» quoi faire plus... Je vous dis cecy, Monsieur,
» afin de vous faire, s'il vous plait, connoître
» que je n'y ai rien négligé [1]. »

Les rebelles avaient évidemment d'autres
chefs. Il se tenait, depuis longtemps, dans la
ville, d'insolents discours, et on y évoquait des
souvenirs qui ne sont point le fait d'hommes du
peuple sans instruction et surtout sans connaissance de l'histoire. On y rappelait la liberté dont
on jouissait autrefois sous la domination anglaise, ce qui pouvait impliquer le dessein de la
rétablir. L'intendant de Séve, qui avait recueilli
quelques-uns de ces propos, écrivait, le 24 avril,

---

[1] Pierre Clément, *Histoire de la vie et de l'administration de Colbert*, p. 367.

à Colbert : « Si le roy d'Angleterre voulloit profiter des dispositions de la province et faire une descente en Guyenne *où le parti des Religionnaires est très-fort,* il donneroit dans la conjoncture beaucoup de peine[1]. »

Presque à l'origine de la révolte, les meneurs avaient, en effet, cherché un appui au dehors. Deux hommes étaient arrivés à La Haye, le 8 avril 1675, se disant députés de Bordeaux et chargés de promettre aux États-Généraux, moyennant l'appui d'une flotte hollandaise, un *soulèvement universel de la Guyenne*[2]. Les ouvertures, il est vrai, n'eurent point de suite, mais elles projettent un certain jour sur les évènements de l'époque et permettent d'entrevoir derrière ces enfants perdus, — crocheteurs ou porteurs de chaises, — une main plus habile exercée à ces jeux.

Nous avons vu déjà les huissiers et les procureurs pactiser avec les rebelles. Il faut leur adjoindre les marchands qui trafiquaient en tabac[3], et probablement un certain nombre de

---

(1) Pierre Clément, *Histoire de la vie et de l'administration de Colbert*, p. 365.

(2) Camille Rousset, *Histoire de Louvois*, p. 136 et 137. — Henry Ribadieu, *Histoire de la conquête de la Guienne par les Français*, p. 512.

(3) Lettre de l'intendant de Sève à Colbert, Pierre Clément, p. 365.

huguenots. C'est parmi ces hommes qu'on devait chercher ; là, sans doute, on eût trouvé les principaux coupables : les uns pour cause de religion, d'autres pour favoriser leur commerce ou leur industrie, ne craignirent pas de pousser jusqu'à l'exaspération un peuple déjà mécontent, de rêver une nouvelle séparation de l'Aquitaine, et d'offrir leur port aux ennemis de la France.

Ce n'est pas sans motif que les instigateurs de ces troubles, parfaitement renseignés sur les projets du fisc, avaient annoncé par un placard la réapparition à bref délai du papier timbré. Le 16 août, le bruit fut répandu que des balles précisément remplies de papier timbré se chargeaient, sur les quais de Bordeaux, en destination de Bergerac. La nouvelle, savamment préparée, eut les effets des grandes clameurs du Moyen-Age, quand se faisait entendre par les rues le fameux cri : *Biafore ! Aïuda* [1] *!* Elle mit sur pied la populace qui se porta aussitôt vers le point d'embarquement ; on y saisit les balles, on les éventra et on les trouva, en effet, composées de feuilles qui portaient la marque du timbre.

---

[1] Tout le monde dehors ! au secours, à l'aide ! — Voyez Lamothe frères, *Coutumes du ressort du Parlement de Guyenne*, t. i, p. 29 et 151 ; et le *Glossaire gascon*, p. 21.

Il n'en fallut pas davantage pour jeter la population dans de nouveaux désordres. On déchira les papiers, on brûla les bateaux ; puis la foule, grossie de gens de la campagne — qui se trouvèrent là bien à point ! — courut à l'Hôtel-de-Ville, pleine de menaces et de colère, criant qu'on l'avait trompée, que le timbre n'était pas aboli.

Les Jurats, le Maréchal d'Albret, l'Archevêque [1], parlèrent à ces hommes. Ils essayèrent de leur faire comprendre ce qu'après l'amnistie du Roi un pareil soulèvement avait de criminel. Plusieurs étaient pris de vin ; ils ne voulurent rien écouter et les portes allaient être rompues, lorsqu'on prit le parti de tirer sur eux.

Heureusement on était en force. On avait appelé trois cents hommes du châteauTrompette, et nombre de bourgeois, commençant à réfléchir sur les conséquences d'une nouvelle révolte, s'étaient rangés, cette fois, sous les ordres de leurs capitaines [2]. Le Maréchal se mit à la tête de ces troupes, expulsa les émeutiers de la rue Saint-James et les refoula dans leurs faubourgs après en avoir tué une vingtaine. Il se préparait à une action générale pour le lendemain et il

(1) Henri de Béthune.
(2) Bernadau, *Histoire de Bordeaux*, p. 40.

comptait leur infliger un châtiment terrible,
lorsque les factieux, s'apercevant enfin que les
situations étaient changées, envoyèrent le curé
de Saint-Michel porter leur soumission [1]. Ils vinrent eux-mêmes se jeter aux genoux du Maréchal, témoignant une vive douleur de leur faute
« dans laquelle ils n'étoient tombés, disaient-ils,
que par les fausses impressions de personnes mal
intentionnées et ennemies du repos public [2]. »

Les Jurats intercédèrent pour eux en faisant
observer à leur tour « qu'on avoit remarqué
parmi le peuple des gens qui sembloient s'y être
introduits avec le dessein de les porter à la révolte. » Le Maréchal accorda la grâce, sous la
condition qu'on chercherait les provocateurs et
qu'il en serait fait exemplaire justice.

La paix rétablie, le Parlement sortit de cet
état de torpeur feint ou véritable qui, depuis cinq
mois, semblait faire de lui aussi bien le complice
que la victime de l'insurrection. Il rétracta son
arrêt de sursis aux impôts comme imposé par la
violence; il défendit les attroupements et condamna à mort douze hommes et une femme « qui
avoient paru les plus coupables. » Trois furent
brûlés vifs sur la place Canteloup; on exécuta

(1) La Colonie, *Histoire curieuse de Bordeaux*, t. iii, p. 435.
(2) Tillet, *Chronique Bourdeloise*, p. 30.

les autres sur les lieux où ils avaient prêché la
révolte. Ils étaient de si mince importance, que
l'histoire ne dit pas même leur nom. Comme il
arrive toujours, le châtiment tomba sur les factieux obscurs que ces excitations venues de plus
haut[1] avaient mis à la tête de cette longue mu-
tinerie.

[1] Pierre Clément, *Histoire de la vie et de l'administration de
Colbert*, p. 365.

CHAPITRE VI

UNE COUSINE-GERMAINE DE LA COMTESSE YOLANDE

On comprendra facilement que la Cour souveraine de Bordeaux, au milieu de ces orages,
n'avait pu donner son attention habituelle aux
affaires de toute nature dont les chambres étaient
saisies. Pas plus que le gros des plaideurs, la
Mère Ancelle et Marguerite de Belrieu ne purent distraire à leur profit une attention absorbée
par les soins politiques ; aussi le Manuscrit de
l'Annonciade ne laisse-t-il paraître aucune trace
de procédure relative à l'année 1675.

Le Parlement de Guienne était sous le coup
d'une mesure qui allait ajouter à ces premiers
retards de nouvelles longueurs. On n'avait pas
oublié en haut lieu la longue rébellion de ce
corps au temps de Mazarin[1]. Il y avait encore
dans son sein nombre de membres qui n'étaient
point sortis purs de cette sanglante équipée.

[1] Boscheron des Portes, *Histoire du Parlement de Bordeaux,*
t. II, p. 217.

De Grimard, de Gourgues, Sabourin[1], d'An-
draut, etc., étaient d'anciens frondeurs ou des
fils de frondeurs. Leurs dernières défaillances,
leur peu d'empressement à casser un arrêt obtenu par l'intimidation durent recevoir dans les
bureaux de la Grande Chancellerie des qualifi-
cations plus que sévères. Soupçonnés, accusés
peut-être de sympathies coupables[2], ils furent
transférés en masse à Condom[3], et l'enregistrement de la déclaration royale, datée du
15 novembre 1675, fut le dernier acte à Bordeaux de la Cour exilée[1].

Condom avait été saccagé, au temps de
Charles IX[5], par les soldats de Montgomery.
Les huguenots n'y brûlèrent pas moins de onze
édifices religieux, églises ou monastères[6]; un

(1) Il est juste de reconnaître que les Sabourin, — car ils étaient
deux, le père et le fils, — s'étaient détachés de la Fronde, en 1652, ce
qui leur valut l'honneur d'être expulsés de Bordeaux par l'Ormée. En
octobre 1653, ils sont cités parmi les conseillers présents à La Réole,
lors de l'enregistrement des lettres patentes de l'amnistie. (Archives
Hist. de la Gironde, t. xv, p. 453.)

(2) Boscheron des Portes, Hist. du Parl. de Bordeaux, t. ii, p. 214.

(3) La Cour des Aydes fut transférée à Libourne.

(4) 20 novembre 1675.

(5) En novembre 1569. — Voir Montlezun, Histoire de Gascogne, et
Dupleix, Histoire générale de France.

(6) La cathédrale fut elle-même sur le point d'éprouver le même sort.
Pour la sauver, les habitants de Condom réunirent toutes leurs ressources et payèrent à Montgomery la somme de 30,000 livres. (Montlezun, Histoire de Gascogne, t. v, p. 365.)

siècle après, il se ressentait encore de ses ruines. L'impossibilité à peu près absolue d'une
installation convenable nécessita la translation
de la justice à Marmande (février 1676). Deux
ans plus tard, au mois de mai 1678, obligés,
paraît-il, de fuir une épidémie qui commençait
à faire de nombreuses victimes, nos conseillers
vinrent à La Réole, où l'on sait qu'ils avaient
déjà fait un premier séjour[1].

Ces déplacements consécutifs, les embarras
qui en furent la suite, n'avaient pas, on le pense,
aidé à l'épuisement des rôles, et la liste des
causes qui attendaient leur tour ne pouvait, au
contraire, que s'être fort allongée. Le procès
Lafargue fut repris seulement en juillet 1679.
Nous laisserons passer nombre d'actes communs
à toutes les poursuites de créanciers, et, fran-
chissant encore deux années, nous demanderons
au lecteur de nous suivre, rue des Menuts, dans
un vieux couvent aux cloîtres gothiques, chez
les Cordeliers de La Réole. Ce monastère,
fondé en 1225, mais agrandi ou réparé vers la
fin du XIVᵉ siècle[2], est devenu le palais de la
justice[3]; et, si l'on n'y retrouve pas les nom-

---

(1) Dom Devienne, *Histoire de Bordeaux*, t. 1, p. 499.
(2) Léo Drouyn, *Guienne anglaise*, t. 1, p. 150.
(3) Dupin, *Notice hist. et statist. sur La Réole*.

breux appartements de l'Ombrière[1], on y est
du moins plus à l'aise qu'à Marmande ou à
Condom.

L'antagonisme naissant de Marguerite de Belrieu et de la Mère Ancelle s'est accru avec les
années. Nos deux plaideuses sont aux prises;
elles demandent l'une contre l'autre la condamnation aux dépens qui sont déjà considérables.
Leurs requêtes à la Cour, quoique souvent sépa-
rées par de longs intervalles, s'animent, se pas-
sionnent, sous la plume des praticiens; elles ont
presque l'accent de la dispute, et, par moment,
on croirait les deux femmes à la barre vidant en
personne leur querelle :

LA DAME DE VINCENS. — Plaise à la Cour, sur l'instance
des saisies, joindre la sienne à celle des dames Religieuses ;
— son instance étant plus générale, la déclarer *demanderesse,*
convertir celle des Religieuses en opposition et les condamner
aux dépens[2].

LA MÈRE ANCELLE. — Les dépens sont l'œuvre de la dame
de Vincens, à laquelle il a convenu de faire de grands frais,
causés par sa négligence, par ses *illusions* et *conclusions.* —
Il a fallu obtenir cinq arrêts contre elle, afin de pourvoir les
enfants de tuteur ou de curateur. *Elle a, pendant cinq ans,*
poursuivi sa subrogation aux criées sans jamais pouvoir l'obtenir. *Elle* appréhende aujourd'hui de ne pas entrer utilement

(1) Compte-rendu de la Commission des Monuments historiques de la
Gironde, t. VIII, p. 19.
(2) Requête à la Cour de la dame de Vincens, le 30 septembre 1680.

en rang et, sous forme de criées, *elle* serait bien aise de consommer, en *frais de voyage* ou de séjour, les biens saisis. Les choses en sont à ce point, qu'elle, Mère Ancelle, ne pourra jamais être payée entièrement, bien qu'elle soit première créancière ; elle a obtenu des provisions à prendre sur les fruits ; depuis deux ans, elle n'a rien reçu, aussi réclame-t-elle la main-levée du produit des fermes. La dame de Vincens veut être demanderesse ; qu'*elle* fasse donc toutes les poursuites, mais sans *frais de voyage et de séjour*, car sur son refus on prendra sa place et on fera soi-même l'abandon [1].

LA DAME DE VINCENS. — Les parents des enfants Lafargue ont voulu se faire décharger de la tutelle ; il faut imputer les longueurs à leurs contestations, non pas à sa négligence. La Mère Ancelle, cela est évident, n'a eu qu'un but dans ses poursuites, *se faire donner des provisions* et consommer les revenus au préjudice des autres créanciers. L'abandon qu'on lui demande, — à elle, Marguerite de Belrieu, — n'est pas fondé ; elle renoncera cependant aux *frais de voyage*, mais elle sera reconnue *seule* demanderesse. La Mère Ancelle sera déboutée de ses conclusions et partie du prix des fermes remise entre les mains du garde du Palais pour être employée aux frais du jugement [2].

Le 30 septembre 1681, sur le rapport de M. de Sabourin, conseiller au Parlement [3], la Cour rend son arrêt. — Les juges ont fait de leur mieux pour contenter ces deux puissances : la Mère Ancelle aura 400 livres de *provision* et

---

(1) Requête à la Cour de la Mère Ancelle, en date du 20 août 1681.
(2) Requête responsive de la dame de Vincens, le 2 septembre 1681.
(3) Probablement Sabourin *le fils*, l'un des conseillers expulsés de Bordeaux sous la Fronde.

la dame de Vincens sera *seule demanderesse*, mais fera la poursuite des criées sans qu'elle puisse prétendre aucun *frais de voyage et de séjour*[1].

Armée de l'arrêt, Marguerite de Belrieu se met à l'œuvre, et on distingue bientôt sa main à une certaine allure des choses. Pendant douze

[1] Les *frais de voyage* pouvaient, dans certaines circonstances, s'élever à une somme assez forte. — Le *Practicien François*, rédigé comme un catéchisme par questions et réponses, va nous les faire connaître. Nous lui laisserons, si l'on veut bien le permettre, sa forme originale :

— *Combien de voyages en une instance ?*

— Trois, sçavoir : à la présentation, à la production, au jugement ou au plaidoyé.

— *Combien de chevaux à un chevalier de l'Ordre ?*

— Quatre.

— *Et un escuyer ?*

— Deux.

— *A un de moindre qualité employant le voyage d'un plus grand, comment le faut-il taxer ?*

— A raison de la qualité de celuy qui avoit le droit du procez.

— *Combien par journée ?*

— Quarante sous parisis pour cheval.

— *Combien de lieues par jour ?*

— Dix.

— *Combien taxer à un homme de pied ?*

— Vingt-quatre sols parisis.

— *Combien de séjour taxe-t-on à chacun voyage ?*

— A la présentation, deux jours; à la production, trois jours; au jugement ou plaidoyé, trois ou quatre jours.

(Voyez le *Practicien François*, chap. LXVI, *Des Despens*, p. 251.)

La dame de Vincens étant baronne et tutrice de baron devait, s'il en faut juger par son titre, être taxée au moins au taux d'un écuyer, c'est-à-dire à deux chevaux par jour, ce qui portait les frais d'une seule instance à 44 livres au minimum. Si l'on admettait la taxe supérieure, les frais de l'instance atteindraient un chiffre double.

ou quinze mois défilent, non sans quelque lenteur, — ainsi le voulait l'ancienne procédure, — assignations, défauts, requêtes à la Cour, significations et le reste. Enfin, le 3 février 1683, elle demande qu'affiches soient mises sur les biens saisis, tant contre la porte du Palais que celle des églises paroissiales de Bourg et de La Libarde pour y demeurer quarante jours ; puis, les enchères faites, qu'il soit procédé à l'*interposition des biens*, c'est-à-dire, si nous comprenons ce terme d'un *style* depuis longtemps abandonné, à l'*ordre* et à la collocation des créances [1].

Il semble que nous touchions au but. Celui-ci pourtant, comme ces feux-follets qui flottent sur les marécages, va fuir encore devant nous.

La Mère Ancelle s'alarme, et, vingt-quatre heures à peine écoulées, la voici qui intervient de nouveau. Le 4 février 1683, elle présente requête à la Cour, demandant, « pour obvier aux grands frais et longues poursuites que la dame de Vincens faisoit, [2] » que celle-ci fasse les poursuites jusqu'au définitif, sans prétendre aucun frais de signification, procédure ou au-

[1] Mns. de l'Annonciade, f° 19 et 19 v°.

[2] « Ny d'autres frais généralement quelconques, » dit le texte. (Mns. de l'Annonciade, f° 20.)

tres, s'offrant, comme la première fois, à renon-
cer elle-même à tous dépens.

Situation onéreuse s'il en fut! Mais que ne
peut l'amour de la chicane. Les plaideurs ne
sont-ils pas de ces malades qui vivent pour
les médecins, savourent leurs remèdes et paient
pour ne pas guérir? — La baronne de Clairans
accepta, cette fois encore, les dures conditions
de la Supérieure.

— Elle pourrait, dit-elle en sa réponse (6
février 1683), se dispenser de déférer à de
telles offres; cependant, pour ne pas retarder
un *décret* qu'elle a intérêt à lever promptement, elle renoncera auxdits frais et n'en « pré-
tendra aucun autre que ceux des *épices*[1], expédition de l'arrêt, commission et exécutoire. »

(1) Les épices étaient le salaire des juges qui avaient « vu, visité,
consulté et jugé au procès. » Les plaideurs, qui avaient gagné leur
cause, étaient anciennement dans l'usage de faire présent aux juges de
quelques confitures ou dragées. Parfois, au lieu d'épices, on donnait
de l'argent. Dans les extraits du greffe du Parlement de Paris, rappor-
tés par Ragueau, on lit, à la date du 12 may 1395: « Le sire de Tournon,
par licence de la Cour, bailla 20 francs d'or pour les *espices* de son procès. » — Depuis ce temps, ajoute Bornier, à qui nous empruntons ces
détails, ce qui se bailloit par courtoisie et volontairement, fut converti
insensiblement en taxe, et d'une honnêteté on fit une nécessité..... La
vénalité des offices que la misère des temps a obligé les Rois de tolérer
a été cause que cet abus a augmenté. C'est avec beaucoup de raison que
Louis XII, le Père du Peuple, avoit accoutumé de dire « que *ceux qui
achètent les offices, rendent chèrement par le menu et en détail ce
qu'ils ont acheté en gros à bon marché.* » (Bornier, t. I, p. 385.)

Notons en passant cette petite nomenclature
de frais réservés, échantillon de ceux qui pouvaient surgir d'une telle procédure, et revenons
sur nos pas pour chercher l'explication de cette
terreur, en vérité bien extraordinaire, que la
dame de Belrieu inspirait à la Supérieure de
l'Annonciade.

Depuis qu'elle était veuve [1], — comme tutrice
de son fils Josué et maîtresse de ses droits propres, — M⁽ᵐᵉ⁾ de Vincens avait eu dans les mains
un gouvernement considérable. Outre la terre
de Clairans, achetée depuis peu, elle avait des
biens fonds en neuf ou dix paroisses. Elle pos-
sédait une maison à Bordeaux et même un office
de greffier en chef à la Chambre de l'Édit [2], —
acquisition du mari défunt dont le prix, à vrai
dire, était encore dû au vendeur [3]. Elle devait
de même la terre de Clairans; si bien que, pour
payer l'un et l'autre, elle fut obligée d'emprun-

(1) Denis de Vincens, conseiller du Roi et son avocat général à la
Chambre de l'Édit de Guienne, mourut en 1663. (Mns. de l'Annonciade, f° 48 v°.)

(2) Mns. de l'Annonciade, f° 31, 32 v°, 79 v°, 48.

(3) La vénalité des charges en avait fait un objet de trafic. On reven-
dait, avant même de l'avoir payé, un office ou une moitié d'office,
comme on fait aujourd'hui d'une part d'action quand le taux en est
considérable. C'est ainsi que la moitié de la charge de greffier à l'Édit,
appartenant aux Vincens, fut vendue par Marguerite de Belrieu ou son
fils Josué, à un sieur Dufaure, le 13 septembre 1675. (Mns. de l'Annonciade, f° 67, v°.)

ter plus tard, à Pierre Digeon, baron de Monteton[1], une somme de 17 à 18,000 livres.

Malgré son état de fortune qui eut assuré à
tout autre une vie opulente, Marguerite de Belrieu était fortement endettée. On la voit ici
créancière et là débitrice ; il en était résulté des
embarras dans lesquels son humeur contentieuse
avait trouvé toutes les satisfactions possibles.
Pendant qu'elle plaidait devant la Cour avec la
Supérieure, et quelquefois contre la Supérieure
de l'Annonciade, elle suivait parallèlement plusieurs instances devant des tribunaux moins
élevés, notamment le Sénéchal-Présidial de
Guienne[2] et la Chambre de Castelnaudary[3].

Après huit ou dix ans de cette vie militante,
Marguerite, inquiétée par ses créanciers et craignant de les voir intervenir dans le procès Lafargue, eut, pour rester maitresse de la poursuite, une idée lumineuse ou extravagante,
comme l'on voudra, mais qu'un cerveau plein
des artifices de la chicane pouvait seul enfanter.

---

(1) Les Digeon, baron de Monteton, paraissaient jouir d'une assez
grande fortune. On voit, au siècle suivant, un Jean-Jacques Digeon,
seigneur de Monteton, épouser une riche héritière, M⁷ˢ de Pelet, fille
de Pierre Pelet, conseiller, secrétaire du Roi. (Archives historiques de
la Gironde, t. xvii, p. 1.)

(2) Le 10 juin 1670.

(3) Le 11 avril 1672.

— Elle s'entendit avec un sien parent, un sieur Henri de Berguilhem ou de Beringay, et, sous ce nom d'emprunt, fit saisir, par un certain huissier à la Cour des Aydes, — qu'elle sut amener à ses fins, — ses propres biens et ceux de son fils Josué[1] !

> Racine, Brueys, Palaprat,
> Vous avez manqué ce trait-là.

On ne saisit pas, sans qu'il en coûte, dans neuf ou dix paroisses, dont quelques-unes à de grandes distances. Il y faut des subdélégués et des avances de fonds. Les frais en procès-verbaux ou criées n'allèrent pas à moins de 300 livres. Bertrand Géraud, l'huissier que dame Marguerite avait mis en campagne, s'en aperçut un peu tard. Ce complaisant officier de la Cour des Aydes qui poursuivait, pour rire, au nom d'un faux créancier, une fausse débitrice, en fut pour ses débours et pour son temps, car il ne fut lui-même jamais payé[2].

---

(1) Le 25 février 1679. (Mns. de l'Annonciade, f° 32 à 33 et 65.)

(2) Un tel expédient à peine admissible dans une œuvre d'imagination a besoin, dans la vie réelle, d'un texte à l'appui : ·

« Aussi soppoza aux dittes criées Geraud Bertrand, huissier en nostre Cour des Aydes de Guienne par requeste du vingt-sept juin mil six cent quatre-vingtz-trois et par icelle auroit remonstré que la dame de Belerieu, vefve du sieur de Vincens, craignant que ses créanciers fissent son bien, elle, pour estre metresse (sic) de la poursuitte du

Après avoir été à la peine, Marguerite de Belrieu ne fut pas à l'honneur. — Le 17 mai 1683, les plus grandes difficultés vaincues, et, au moment où les poursuites allaient viser le *décret*, c'est-à-dire l'arrêt final, Mme de Vincens est brusquement rejetée de ce théâtre qu'elle avait conquis par mille sacrifices.

Sans explication, mais en des termes qui trahissent une secrète impatience, Josué de Vincens, conseiller en la Cour[1], baron de Clérans, Baude et autres places, expose par requête à la Cour qu'il *désire* faire la poursuite du décret en son nom ; et, de ce moment, il prend, en effet, dans tous les actes, la place de sa mère.

decret, auroit fait saysir son propre bien et cellui dudit sieur de Vincens son marj soubz le nom d'un sien parent, qui estoit le sieur de Beringuay, et pour commencement dudit procès-verbal de saysie, elle lui auroit donné la somme de 60 livres en divers temps et promis de le satisfaire du restant. En conséquence de cest ordre, il auroit fait faire par des subrogés les criées de tous les biens de ladite de Vincens quj estoient situés en neuf ou dix paroisses, et ladite saisie et criée faitte, il auroit retiré le procès-verbal desdits subrogés ausquels et à chacun d'eux, il auroit donné de l'argent et ne les ajant peu satisfaire leur auroit fait un billet portant promesse de les payer soudain qu'il auroit esté pajé de ladite dame de Vincens. Ensuitte de ce, il auroit fait grossir ledit procès-verbal de saisie et criées, et ajant offert à ladite dame en demande son pajement, il luy feut impossible d'en estre pajé, de sorte qu'il feut obligé de faire taxer le susdit procès-verbal par nostre lieutenant général de Guienne, à la somme de 307 livres 15 solz. » (Mns. de l'Annonciade, f°s 32 à 33.)

(1) Josué de Vincens était déjà à cette époque *conseiller du Roi en la Cour.* — L'enregistrement des provisions de conseiller porte la date du 23 février 1682.

Il y eut encore bien des formalités à remplir, bien des oppositions à recevoir. Aux créanciers des enfants Lafargue étaient venus s'adjoindre les créanciers de Mme de Belrieu, tous opposants au décret. Celle-ci devait à son huissier 307 liv.; à son procureur [1] « pour diverses instances, » 210 liv.; à Mme Anne de Briquemaut [2], veuve de Pierre Digeon, baron de Monteton, 17,493 liv. Elle devait enfin à son propre fils « une relique de 8,000 liv. » — C'est Josué lui-même qui le dit dans ses plaidoiries. Il insiste même beaucoup sur ce fait; il rappelle plusieurs fois, et non sans aigreur, les *notables sommes dont sa mère lui devra rendre compte* pour l'administration de ses biens.

Yolande de Pimbesche, la plaideuse de Racine, n'avait sur les bras que quatre ou cinq petits procès :

> L'un contre son mari, l'autre contre son père,
> Et contre ses enfants.

Mme de Vincens en était là, peu s'en faut. Ces caractères processifs effrayent tout le monde. On

[1] Me Anthoine Durbet, procureur au Sénéchal-Présidial de Guienne.
[2] Anne de Briquemaut portait un nom célèbre dans les annales du calvinisme. François de Briquemaut, vieux gentilhomme protestant, arrêté dans la nuit de la saint Barthélemy, comme complice de Coligny, fut condamné à mort par le Parlement de Paris, et pendu le 27 octobre 1572.

a vu la Mère Ancelle prendre ses garanties contre notre héroïne; par le même motif, son propre fils Josué fut amené à l'exclure de la cause. — La baronne de Clérans, — cette cousine-germaine de la comtesse Yolande — aurait pu dire comme elle :

> Ah! Monsieur, la misère!
> Je ne sais quel biais ils ont imaginé,
> Ni tout ce qu'ils ont fait; mais on leur a donné
> Un arrêt par lequel, moi, vêtue et nourrie,
> On me défend, Monsieur, de plaider de ma vie!

En fils, parfaitement indigne d'une telle mère, Josué donna bientôt à la procédure l'impulsion d'un homme qui a hâte d'en finir. Il fit mettre les affiches, enchérit les biens à 2,500 liv., répondit aux opposants par ses *contredits* et mena si rondement l'affaire, qu'au mois de novembre 1684 l'arrêt put être rendu.

Disons que, peu de jours avant, la Mère Ancelle, ne voulant pas laisser au fils de sa rivale le dernier mot de ce long débat, avait poussé l'enchère à 4,500 liv. et n'avait pas rencontré de surenchérisseurs.

Toutes les parties « ayant produit *ce que bon leur avoit semblé*, par devant le sieur de Sabourin,. *tant fut procédé*, — dit le greffier en des termes qui ressemblent à un soupir de soulagement, — que arrêt de *décret* intervint. »

Il fut prononcé, le 18 novembre 1684 ; M. de Grimard, président, de Sabourin, rapporteur, — deux noms, soit dit en passant, qui ont figuré plus haut dans les troubles de la Fronde.

Les biens des enfants Lafargue furent adjugés à la Mère Ancelle [1], à la charge de payer à Catherine de Laroque 50 liv. de pension annuelle et de verser la somme de 4,500 liv. entre les mains du receveur des consignations ou « d'un marchand solvable. »

Le prix de l'enchère fut colloqué dans l'ordre suivant :

1° La dame de Fourtin de la Hoguette [2], représentant la maison noble de Tayac, pour 15 liv., montant des rentes annuelles *dues depuis trente ans ;*

2° Le sieur de Vincens, pour la somme de 600 liv. avec les intérêts au denier 18 ;

3° La Mère Ancelle, pour un total de 5,100 liv. avec intérêts au denier 15.

Venaient ensuite les autres créanciers dans l'ordre voulu. Ils furent tous *colloqués,* mais tous ne furent pas satisfaits ; on devrait dire

---

(1) Mns. de l'Annonciade, fo 69.

(2) Jeanne Fourtin de la Hoguette, veuve de Razac de Fournel, sieur de Tayac. Les la Hoguette, l'une des familles considérables de ce temps, étaient alliés aux Gaufreteau. (Voyez l'*Essai Généalogique* de M. Jules Delpit ; *Chronique Bordelaise,* t. II, p. 331, 334, 335.)

que pas un même ne put l'être. Le total des
créances dépassait 12,000 livres, non compris
les intérêts, et il y avait, en plus, les frais à
payer !

Ceux-ci furent considérables ; on ne met pas
en jeu pendant douze ou quinze ans tout un
monde d'huissiers, de procureurs ou de juges,
sans qu'il en coûte beaucoup d'argent. Nous
avons vu Marguerite de Belrieu, pour rester
maitresse du terrain, faire successivement l'a-
bandon des frais de voyage, de séjour, de signification et de procédure ; mais il y en avait bien
d'autres sans compter les *épices* des juges. Il y
avait les droits de consignation, les dépens de
saisies, de criées, d'instances, l'arrêt de décret,
la purgation, etc., tous à prendre *par préférence*
sur le prix des biens adjugés.

Il est impossible d'en établir le chiffre exact.
Il en fut payé dans tous les cas, par la Mère
Ancelle, en déduction de son prix d'achat, pour
TROIS MILLE QUATRE CENT VINGT-CINQ LIVRES ; si
bien qu'elle n'eut à verser, en deniers comptants,
dans les mains du receveur, que la somme de
1,075 livres [1].

---

[1] Tous ces chiffres sont constatés par un reçu du bureau des consignations de la Cour, signé : « Lhéritier, commis à ladite recepie. » —
La pièce elle-même fait suite au Mns. de l'Annonciade, f° 81.

Un millier de francs, pour 12,000 qui étaient dûs !

Le Perrin Dandin du bon Jean de La Fontaine donne, à chacun de ses justiciables, une écaille de l'huître. Les mieux partagés des nôtres n'eurent pas davantage :

> Mettez ce qu'il en coûte à plaider aujourd'hui ;
> Comptez ce qu'il en reste à beaucoup de familles :
> Vous verrez que Perrin tire l'argent à lui,
> Et ne laisse aux plaideurs que le sac et les quilles.

CHAPITRE VII

SCÈNES ET MŒURS D'AUTREFOIS

Le lecteur se souvient, sans doute, que nous avons presque au début laissé indécise une question d'attribution ou de compétence. Si je ne me trompe, la physionomie du procès aura montré que la cause appartenait moins à la Chambre de l'Édit qu'à la justice ordinaire. Les parties y étaient nombreuses et la majorité appartenait certainement à la religion catholique. Il eût été pour le moins bizarre de voir, dans une matière si simple, un seul protestant entraîner après lui quinze ou vingt personnes.

Au milieu de tant d'oppositions, de *dits* et de *contredits*, qu'était devenu le petit bien de campagne, objet de ces disputes? Un dernier acte, conséquence naturelle de l'arrêt de la Cour, va nous le dire. La prise de possession au XVIIᵉ siècle se faisait d'ailleurs avec un appareil tout à fait inconnu de nos jours et qui ajoute un trait de plus à la peinture de cette époque, déjà moderne,

et cependant pleine encore d'usages ou d'institutions antiques.

J'ai oublié de dire en son temps qu'Étienne,
Jeanne, Cathérine et Marie de Lafargue, devenus majeurs, avaient purement et simplement
répudié l'hérédité de leur mère [1]. Il fut donné
un curateur à l'hérédité vacante dans la personne de M. Léonard Brossard, l'un des syndics
procureurs en la Cour. C'est contre lui que fut
prononcé l'arrêt de décret, et c'est encore lui
que la supérieure de l'Annonciade fit assigner
« à comparoir le second janvier 1685, dans la
banlieue de Bourg et paroisse de Lalibarde, à
huit heures tendant à neuf heures du matin, »
pour voir prendre possession des biens adjugés.

Le jour fixé, quatre personnages, Maître Bertrand de Lisle, prêtre, bachelier en théologie,
accompagné d'un clerc tonsuré, et Jean Brane,
huissier de La Réole, suivi de son *praticien*,
quittaient vers les huit heures du matin l'*hôtellerie Saint-Jacques* [2], à Bourg, où ils étaient
arrivés depuis la veille, et se rendaient au bourdieu de Belleroque, sis à quelques cent pas de

(1) Le 7 novembre 1682, devant le juge de Bourg; le 8 mars 1634, au
greffe de la Cour.

(2) « ..... estant dans ladite ville de Bourg et dans l'hostellerie où
pand pour enseigne l'image de *saint Jacques*..... » (Procès-verbal de
Jean Brane.)

la ville, sur « le grand chemin royal qui va à
Saint-Andréas [1]. »

Ils furent reçus par deux paysans, Charles et
Émericq Viaud [2], le père et le fils, qui leur di-
rent être les cultivateurs du bien et le faire à
moitié haut et bas. Ces deux hommes les con-
duisirent dans toutes les pièces dépendantes du
bourdieu : maisons, jardins, vignes, prés, bois
taillis, etc. Après avoir demeuré une heure ou
environ dans les terres, sans que le sieur Brossard, ou personne pour lui, eût comparu, Maître
Bertrand de Lisle, au nom de la Mère Ancelle [3],
dont il était le procureur constitué, requit l'huissier de le mettre en possession « verbale, réelle,
actuelle et corporelle dudit bourdieu... »

De nos jours, quelques mots suffiraient pour
l'accomplissement de cette formalité. Neuf
heures venaient de sonner, il en était donc plus
de huit, et le défaut était si évident, qu'il semble
que tout dût être terminé. Il n'en était pas ainsi
avec les huissiers de l'an 1685. Nous allons don-

(1) Aujourd'hui Saint-André de Cubzac.
(2) Il y a encore, dans le canton de Bourg, plusieurs familles du nom
de Viaud,
(3) Ancelle n'était pas, comme on pourrait le croire, un nom propre ;
il faut y voir un simple qualificatif qui s'appliquait indistinctement à
toutes les supérieures de l'Annonciade, c'était l'équivalent de Mère
servante, *Ancilla*.

ner la parole au nôtre; son langage de convention ne manque point de couleur et une traduction plus grammaticale ne ferait que l'affaiblir.

Jean Brane, que le Parlement avait député pour cet office[1], et qui représentait ainsi la Cour, s'adresse aux deux. Viaud, leur fait lever la main et « jurer à Dieu de dire vérité. » Ceux-ci « attestent par serment que l'heure de huit heures est expirée, voir celle de neuf heures, ce qu'ils nous ont dit sçavoir pour avoir ouï sonner lesdites huit et neuf heures, depuis qu'ils sont ici présents, à l'horloge de ladite ville de Bourg. Attendu que l'heure de huit heures est eschue et qu'il est neuf heures sonnées, avons donné défaut à l'encontre dudit Brossard... et avons mis le sieur de Lisle en possession verbale du susdit bourdieu de Belleroque... par la tradition de l'arrêt de décret de nos mains en celles du sieur de Lisle; et, pour la possession réelle,... *avons prins iceluy sieur de Lisle par la main*, fait entrer et sortir dans ledit bourdieu consistant : en une maison bastie de pierre, couverte de tuiles creux *(sic)* et chai, grenier, cuvier, chambres, que nous avons trouvés ruinés, les fenêtres et vitres rompues et les vignes dégarnies

(1) Il signe toujours : Jean Brane, huissier en ladite Cour, et *commissaire par elle députe*

d'œuvres[1]; ledit Viaud nous ayant déclaré que
les sieurs Artaud et Gruaud, ci-devant fermiers
judiciaires, n'ont point mis d'œuvre depuis six
ans, et que la pièce de terre près le bois taillis
n'a pas été ensemencée depuis deux ans, qu'il y
a diverses pièces dans l'enclos de Belleroque
qui ne sont point encore ensemencées, et qu'il
n'y a point de porte au portail... ce que nous
avons remarqué. De quoi le sieur de Lisle nous
a requis de charger notre procès-verbal; et, à
même instant, fait allumer et éteindre le feu,
ouvrir et fermer les portes et fenêtres d'icelles
maisons; et dans lesdits jardins, vergers, taillis,
terres labourables, vignes, pred et aubarèdes,
le sieur de Lisle, audit nom, a rompu des sar-
ments de vigne, transporté des poignées de
terre d'un endroit à l'autre, arraché dans le pred
de l'herbe, rompu des branches de bois dans le
taillis, arraché des tronches de choux esdit jar-
din, rompu des branches au verger, etc. »

Tous ces actes possessoires ayant été faits
« au vu et sçu de tous ceux qui l'avaient voulu
voir sans aucun contredit ni empêchement quel-

---

[1] Le logis, malgré le mauvais état des chambres, n'était pas fort
ancien. Une croix de Malte, trouvée en 1842 dans les fondations, portait, sur les branches, les initiales A. L. R., et, entre les branches, le
millésime mutilé 1611 — Les ouvertures basses et cintrées indiquaient
une construction de la première moitié du xvii° siècle.

conque, » Jean Brane termine par l'inhibition
et défense à Brossard ou tout autre de troubler
la dame Mère Ancelle dans sa possession. Il fait
commandement à Charles et Émericq Viaud, et
à Jean Itey, qui travaille aussi ledit bourdieu,
de ne reconnaitre à l'avenir d'autre propriétaire
que la supérieure de l'Annonciade; après quoi
on se transporte à Bourg, dans la maison de la
grand'rue, que l'on trouve également *fort rui-
née,* les vitres rompues, la cave pleine d'eau.

Là, en face de Maître Belli, notaire royal de
ladite ville, se reproduit le même cérémonial :
remise de la clé, introduction de Bertrand de
l'Isle par Jean Brane, ouverture et fermeture
des chambres, feux allumés et éteints [1]. — Ces
formalités si étrangères à nos mœurs rappellent
involontairement l'ancienne investiture féodale,
quand le seigneur d'un fief terrien mettait dans
la main du vassal une pierre, une motte de terre,
une branche d'arbre ou une touffe de gazon.

Les siècles passés aimaient ces actes, par
dessus tout symboliques. Bien qu'ils fussent

[1] L'acte ou le procès-verbal de Jean Brane se termine par cette petite note qui en est comme la moralité :

« S' pour nos droits de trois journées 24 livres; sans en ce comprendre la despense du sieur de Lisle et des témoings ny de leurs salaires, frais de basteau et chevaux, papier, parchemin timbré, qui a esté payé par ledit sieur de Lisle avec le controlle. »

accompagnés d'une pièce notariée, on les jugeait
nécessaires ; ils nous reportent à des temps plus
lointains encore, où la propriété longtemps troublée par les incursions barbares se prouvait surtout par l'occupation du sol et plus par la tradition que par l'écriture.

La Mère Ancelle qui figure dans le présent
chapitre n'était plus Mme de la Chèze. Une seule
pièce, la procuration donnée *au bachelier en
théol e*, nous a permis de relever le fait ; elle
est sig .ée : sœur Catherine Durand[1].

Certes, au temps du grand Roi, la nomination
d'une supérieure devait être quelque chose dans
l'intérieur de ces cloitres où il fallait bien peu
pour animer la vie monastique. Il n'en était pas
de même au dehors. Notre procédure qui relève
avec un soin minutieux la majorité d'un enfant,
le décès d'un procureur, le choix d'un gardien
ou d'un fermier, n'a pas un mot pour faire connaître le changement survenu à l'Annonciade.
C'est toujours la Mère Ancelle qui agit, fidèle à
la ligne tracée, disputant pas à pas le terrain,

---

(1) Il y avait au xvii' siècle (1674), des Durand, escuyer, sieurs de
Bourgogniac et de la Rolfle. (Archives Hist. de la Gironde, t. xviii,
p. 209.) Rien n'indique que la Mère Ancelle de 1681 fut de cette maison ; on va voir cependant, un peu plus loin, que dans les divers monastères de Bordeaux les supérieures et les religieuses elles-mêmes
appartenaient pour la plupart à de grandes familles.

et, au dernier acte, à force de persistance, restant propriétaire des biens saisis.

Le public ne connaissait pas plus la figure que le nom véritable de ces recluses. Leur règle formée sur les dix vertus de la vierge Marie[1] voulait qu'elles fussent sévèrement cloîtrées : La procuration de la Mère Ancelle à Bertrand de Lisle fut passée le 31 décembre 1684, par Maître Grégoire, notaire royal à Bourdeaux et en Guienne, « au devant la *grille* dudit monastère, en présence de François Tranchère, clercq, et Jean du Quay, prestre, habitant audit Bourdeaux, paroisse Saint-Projet. » Un rideau séparait la religieuse des témoins. — L'acte, ici, ne le dit point ; mais voici un contrat du XVI° siècle qui le démontre pleinement.

Le 28 juillet 1522, dans l'année qui suivit la fondation du couvent par Mme de Saint-Gelais, les *Annonciades* passèrent une transaction pour certains droits avec le Chapitre de Saint-André et le curé de Sainte-Eulalie : « L'ayant lue à ces religieuses, — dit le notaire qui retint l'acte, — elles l'approuvèrent en disant seulement *oui ;* ne les ayant nullement vues en face, pour ce qu'elles sont recluses et ne se montrent jamais[2]. »

(1) Giry et Paul Guérin, *Vies des Saints*, t. II, p. 275.
(2) La citation empruntée à l'abbé Baurein a été modifiée par Ber-

Le chapitre deuxième de cet ouvrage nous a
fourni un autre exemple de la situation excep-
tionnelle que l'ancienne jurisprudence faisait à
la vie cloîtrée. On a vu la sœur Catherine, après
une année de probation, au moment de prendre
le voile, faire son testament. Ainsi en était-il
autrefois. Le vœu monastique retranchait pour
toujours les religieux de la société civile ; avant
de se lier à jamais, le novice écrivait son testament et y ajoutait parfois un codicile qui deve-
nait ainsi la dernière manifestation légale de sa
volonté.

Le vœu solennel prononcé, le moine aussi
bien que la religieuse cessaient de vivre, au
point de vue social[1]; l'ordonnance de Blois, en
1579, le dit clairement. Leur succession était
ouverte ; ils ne pouvaient plus ni succéder, ni
tester, ni agir en justice[2]. Selon une expressive

nadau; voici le texte primitif : « Lesquelles, dit le notaire qui a re-
tenu l'acte, n'ay aucunement vues en face, parce qu'elles sont recluses,
lesquelles ne sortent jamais, auxquelles ay demandé si les noms
d'elles si dessoubs incorporés étoient leurs personnes, lesquelles m'ont
fait réponse que oy. » (Baurein, *Recherches sur la ville de Bordeaux*,
p. 197.)

Il paraît que, peu de temps avant la Révolution, la clôture était
moins rigoureusement observée, et qu'on voyait les religieuses à visage
découvert dans le chœur et au parloir du couvent; c'est du moins ce
qu'affirme Bernadau, dans son *Viographe Bordelais*, p. 331.

(1) Henri François d'Aguesseau, 44° *plaidoyer*, 1697.

(2) Ravelet, *Traité des Congrégations religieuses*, Introd. p. 44.

formule, ils étaient morts au monde [1].—Séparés
du siècle, ils trouvaient, en revanche, derrière
la clôture, les bénéfices de l'association religieuse et certains avantages de la famille. La
communauté devenue personne légale avait la
capacité d'acquérir, d'aliéner, de poursuivre,
de se défendre [2] et parfois même, ainsi que l'a
montré plus haut le *Committimus,* le privilége
d'évoquer devant un tribunal supérieur, c'est-
à-dire de récuser le juge ordinaire.

Couvents ou abbayes, beaucoup de ces lieux
cloîtrés dont les guerres de religion avaient dis-
persé les hôtes se reconstituèrent. Au temps de
Henri IV et de Louis XIII, des congrégations nouvelles se formèrent [3] et prirent, sous le règne
de Louis XIV, un développement qui en vint à
offusquer le génie réformateur, mais parfois trop
absolu de Colbert. Qui croirait que ce grand
homme, entraîné par l'esprit de système, expri-

---

(1) Quand un religieux de l'ordre des Ermites de Saint-Paul avait
prononcé les vœux solennels, on le mettait dans un cercueil couvert
d'un drap mortuaire, pendant que tout le chœur chantait le *De pro-
fundis,* et les religieux, chacun à son tour, lui jetaient de l'eau bénite
en disant : « *Mon frère, vous êtes mort au monde, vivez pour Dieu!* »
(Henrion, *Hist. des Ordres religieux,* t. I, p. 426.)

(2) Édits de 1629, 1659 et 1666.

(3) Les Prêtres de la Doctrine chrétienne en 1592; l'Oratoire en 1611;
les Lazaristes en 1632; les Filles de la Charité en 1636; Saint-Sulpice
en 1641; les Eudistes en 1643, etc.

mait, à la date du 15 mai 1665, l'avis que le
nombre des prêtres et des couvents était trop
considérable dans le royaume. Les moines et les
religieux, disait-il, privaient l'État des enfants
auxquels ils auraient pu donner le jour. Pour
faire cesser cet abus, il proposait de rendre les
vœux plus difficiles, de reculer l'âge où ils devaient être prononcés, de réduire les dots et
les pensions des religieuses[1] et d'augmenter le
plus possible le nombre des soldats, des marchands, des laboureurs et des gens de journée[2].

En réalité, cette grande extension des communautés au XVIIe siècle répondait à des besoins
d'un ordre supérieur, et même aux exigences
matérielles de la vie. Il y avait peu de grandes
familles qui ne fussent représentées dans ces
cloîtres par quelques-uns de leurs membres. Des
testaments, des constitutions de dots et d'autres
actes notariés du même genre nous montrent à

---

(1) La réduction des dots eût, ce semble, plutôt augmenté que diminué le nombre des religieuses. On voit ainsi, en 1533, Romain Brun,
écuyer, seigneur de Montguyon, en Blayais, engager une partie de ses
terres pour faire entrer sa fille aînée au couvent des Annonciades à
Bordeaux. L'élévation du prix était donc une barrière. (Cf. Francisque
Michel, *Histoire du Commerce et de la Navigation à Bordeaux*, t. II,
p. 39.)

(2) Mémoire de Colbert à Louis XIV, sur la nécessité d'une jurisprudence fixe. — Pierre Clément, *La Réforme des Codes sous Louis XIV*,
Revue des Questions historiques, t. VII, p. 119.

Bordeaux, dans le courant du XVII° siècle, des
Annonciades[1], des Bénédictines[2], des Carmélites[3], des Ursulines[4], des Visitandines[5], des
religieuses de Notre-Dame, filles de gentilshommes ou de conseillers au Parlement.— En 1681,
par exemple, au plus fort de la lutte entre la
Mère Ancelle et la baronne de Clérans, nous
trouvons, dans le seul couvent des Bénédictines,
réunie sous la guimpe, toute une société d'élite.
Dame prieure ou sœurs religieuses, il en est à
peine une qui ne soit pas de noble maison. En
voici la nomenclature, d'après une expédition sur
parchemin, tirée des archives de M. Delpit[6].

(1) Les *Variétés Girondines* nous donnent le nom de l'une des
supérieures de l'Annonciade qui précédèrent Catherine Durand et
M°° de La Chèze. C'est encore une fille noble, Marie de Pichard; elle
était Mère Ancelle du couvent de Bordeaux, à la date du 22 novembre
1631. (Léo Drouyn, Actes de l'Académie de Bordeaux, 1876, p. 397.)

(2) Le couvent des Bénédictines, situé rue du Port, dans le quartier
Sainte-Croix, fut fondé en 1634, par M. de Pontac et M°° d'Ausony,
abbesse d'Angoulême. (Bernadau, *Hist. de Bordeaux*, éd. 1837, p. 369.)

(3) Les Gr ndes Carmélites, établies à Bordeaux en 1610; les Petites
Carmélites, en 1618. (Cf. *Antiquités Bordelaises*, p. 361; *Viographe
Bordelais*, p. 108.)

(4) « Il existait dans la rue Sainte-Eulalie, dit Bernadau, deux couvents de religieuses qui avaient été fondés, savoir : celui de Saint-
Joseph en 1616, et celui de Sainte-Ursule en 1603. » M°° de Cazères
contribua beaucoup à l'établissement de ce dernier. (Voyez *Histoire
de Bordeaux*, p. 311.)

(5) Le couvent de la Visitation, établi à Bordeaux en 1628, eut pour
fondatrice M°° de Galatheau, baronne de Saucats. Il a été occupé jusqu'en 1880 par les anciens bâtiments du Lycée national.

(6) Archives Hist. de la Gironde, t. x, p. 403.

PRIEURE :

Cécile de Pontac, dame prieure perpétuelle.

RELIGIEUSES :

Marguerite de Chanlon.
Charlotte de Montaigne.
. Anne de Mérignac.
Jeanne, Paule et Marguerite de Pontac.
Marie de Lacroix-Maron.
Marthe de Guyonnet.
Marie et Anne de Pichon.
Jeanne de Bruneteau.
Marie Dupérier.
Marie de Jehannet.
Marie de Chaufour.
Jeanne de Cadroy..
Marie et Michelle de Martiny.
Catherine de Bourran.
Françoise de Tortaty.
Jacquette de Chapellas.
Marie de Cadouin.
Marguerite de Masle.
Anne de la Rivière.
Anne de Raganeau.
Marguerite de Thibault.

La dernière venue, Anne Arnaud, est la fille
d'un bourgeois, qui reçoit de ses parents une
maison située dans la rue Sainte-Croix, 1,000 liv.
de capital et 36 liv. de pension annuelle.

Plusieurs de ces ordres, représentés à Bordeaux, avaient aussi des couvents dans les

principales villes de la Guienne. Les maisons
d'Ursulines étaient surtout répandues dans la
province; on en voyait à Libourne[1], à Bourg[2],
à Bazas[3], à Langon[4], etc. Les Annonciades
ne paraissent avoir possédé que deux maisons,
l'une rue Mingin, l'autre à La Réole[5]. .

Les filles de Notre-Dame, fondées en 1608,
par Mme de Lestonnac[6], comptaient, à la fin du
XVIIe siècle, *quarante-sept* maisons réparties
principalement dans l'ouest et le midi de la
France[7]. Enfin les Visitandines, instituées en
1610, avaient treize monastères en 1622 et

(1) Établies en 1606. (Raymond Guinaudie, *Histoire de Libourne*,
t. I, p. 163.)

(2) Bernadau nous apprend qu'elles y furent établies en 1618, par les
soins du cardinal de Sourdis et de sœur Lacroix, « la même qui avait
discipliné dans le diocèse plusieurs couvents du même ordre. » (*Antiquités Bordelaises*, p. 125.)

(3) En 1640, Bernadau, ibidem, p. 94.

(4) En 1699, Idem, ibidem, p. 97.

(5) Idem, ibidem, p. 262.

(6) Jeanne de Lestonnac, née en 1556, était fille d'un conseiller au
Parlement de Bordeaux et nièce de Montaigne par sa mère (a). Elle
avait épousé Gaston de Montferrand, baron de Landiras, dont elle eut
sept enfants. Ce fut dix ou onze ans après la mort de son mari, qu'elle
fonda à Bordeaux, avec l'aide du P. de Bordes, la congrégation de
Notre-Dame vouée à l'éducation des filles.

(7) Mme de Lestonnac s'associa plusieurs jeunes personnes de familles
distinguées et d'une haute vertu. Bientôt un grand nombre de sujets
se présentèrent. Vers 1610, deux filles de Mme de Lestonnac, qui étaient

(a) Jeanne de Montaigne, qui épousa, en 1555, le conseiller Richard de Lestonnac; elle était fille de Pierre Eyquem de Montaigne et sœur de Michel. (Théophile
Malvezin, *Michel de Montaigne*, etc., p. 153.)

quatre-vingt-sept en 1641, à la mort de Mme de
Chantal[1].

Il fallait de ces refuges à beaucoup d'êtres,—
aux femmes surtout, — que la vocation, le dé-
goût d'une existence frivole, les peines morales
et quelquefois les incertitudes de l'avenir éloi-
gnaient des joies du monde!

depuis vingt ans dans le couvent des Annonciades, obtinrent leur
translation dans celui de Notre-Dame. La communauté fit des progrès
rapides et sa réputation se répandit au loin. Au moment de sa mort,
en 1610, Mme de Lestonnac avait déjà fondé elle-même, outre celle de
Bordeaux, neuf maisons : à Béziers, Poitiers, Le Puy, Toulouse, Périgueux, Agen, Riom, Saintes et Pau. — Les restes de cette femme remarquable, après avoir échappé, non sans péripéties, aux profanations
de l'époque révolutionnaire, furent recueillis en 1822, au milieu d'un
grand concours de peuple. Ils sont encore à Bordeaux dans la chapelle
de la communauté, rue du Palais-Gallien, n° 45. Une pierre tombale au
niveau du sanctuaire, et, contre le mur, une courte inscription sans
date aucune, indiquent seules la place où repose le corps de l'illustre
nièce du grand Montaigne. (Cf. *Abrégé de la Vie de la vénérable Mère
de Lestonnac*, 1867, Poitiers, Henri Oudin, imp. p. 36 à 53.)

(1) Henrion, *Histoire des Ordres religieux*, t. II, p. 317.

CHAPITRE VIII

UN HOMME OUBLIÉ

Le régime du cloître, le différend de la Mère Ancelle et de dame Marguerite nous ont fait un peu négliger la famille du conseiller présidial. Quel fut le sort des enfants Lafargue? Catherine, Étienne, Jeanne et Marie, presque abandonnés dans leur première jeunesse par des parents égoïstes [1], virent-ils des jours meilleurs? Ou, ce qui serait plus à craindre, après quinze ans d'une coûteuse procédure, ne furent-ils pas réduits à une absolue misère?

Le malheur immérité intéresse toujours, et plus d'un lecteur aura pu se demander comment une main puissante n'était pas venu relever la famille d'un homme qui avait beaucoup fait pour le bien de tous? Cette question en suggère une autre : Pourquoi Guillaume de Lafargue ne vit-il pas lui-même son dévouement reconnu?

[1] Il semblerait ressortir de certains incidents du procès que les parents refusaient à l'envi les embarras ou les charges de la tutelle. (Voy. la plaidoirie de Marguerite de Belrieu, *supra*, p. 120.)

Mazarin, malgré son avarice, sut récompenser à propos les amis du Roi : Jacques Filhot, que les Ormistes avaient emprisonné et mis à la torture, eut une pension de 1,800 liv. et la charge de trésorier des finances à Bordeaux[1]. Mme de Boucaud, citée pour l'ardeur de son zèle et doudoublement recommandée par l'attachement de son mari à la cause royale, eut un brevet de dame d'honneur auprès de la Reine[2]. Le Père Ithier fut fait évêque de Glandèves ; Guron de Réchigne-Voisin, commissaire de Sa Majesté, qui renseignait le cardinal sur l'état de Bordeaux et de la province[3], fut fait évêque de Tulle[1]. On nomma le sieur de Bacalan président de la Chambre de l'Édit, où il était déjà avocat-général[5]. Merlaud de Mondenis, « dont les soins avaient permis au duc de Candale de conclure le traité de Bordeaux, » reçut des lettres d'anoblissement, l'octroi de la justice de Cours et le brevet de maréchal de Bataille. On donna pa-

---

(1) Dom Devienne, *Hist. de Bordeaux*, t. 1, p. 480.

(2) Mme de Boucaud, fait remarquer Dom Devienne, était de la famille de Moneins. — Retirée au couvent des Récollets, à Bordeaux, elle correspondait avec le Père Berthod, et, malgré le péril, elle ne cessa de travailler à la désorganisation de la Fronde.

(3) Archives Hist. de la Gironde, t. vii, p. 263, 310 ; t. viii, p. 115, 153, 179, 417 ; t. xv, p. 333.

(4) Pontellier, *Chronique Bourdeloise*, p. 66 et 67.

(5) Archives Hist. de la Gironde, t. xv, p. 398.

reillement des lettres de noblesse à Raymond de Litterie, cousin et collaborateur de Merlaud [1].

Il y eut encore d'autres grâces accordées. C'est ainsi que les conseillers à la Cour, inquiétés sous l'Ormée pour leur modération, eurent des pensions perpétuelles, transmissibles à leurs descendants [2]. Est-il à croire que, seuls, les conseillers-présidiaux n'aient point eu de part aux faveurs du cardinal-ministre ?

Le Présidial de Guienne, placé entre le Parlement et la Jurade, était, depuis son origine, dans une position fort délicate vis-à-vis ces deux corps, — jalousé de celui-ci qui ne voulait à aucun prix lui accorder la préséance, mal vu de l'autre dont la juridiction se trouvait notablement amoindrie. On n'a pas oublié, en effet, que ces tribunaux créés par Henri II pour soulager

(1) Léo Drouyn, *La Paix de la Fronde à Bordeaux*, Actes de l'Académie, 1879, p. 351 : *Certificat du marquis de Marin, lieutenant général des armées du Roi et gouverneur du château Trompette.* « M. de Marin certifie que le sieur de Mondenis, employé par le duc de Candalle, entra plusieurs fois dans la ville de Bordeaux où il avait des intelligences, qu'il parvint à faire revenir cette ville sous l'obéissance du Roi, et que le *sieur de Litterie avait beaucoup contribué au succès de cette affaire.* »

(2) « Aussi Sa Majesté en eut-elle de la reconnaissance dans les suites et leur en témoigna sa satisfaction par des pensions à perpétuité, dont celle de M. Darche subsiste encore en la personne de M. Darche La Salle, conseiller au Parlement, son arrière-petit-fils. » (La Colonie, *Hist. curieuse et remarquable de la ville et province de Bordeaux*, t. III, p. 327.)

les Parlements attiraient à eux nombre de causes
secondaires, ce qui diminuait d'autant les épices
de *Messieurs* de la Cour.

La Fronde venait à peine d'expirer, que les
conseillers au Parlement, relégués à Agen ou à
La Réole, donnèrent à ces conseillers d'un de-
gré inférieur une preuve manifeste de leur ini-
mitié. Furieux de se voir exilés de Bordeaux,
tandis que les *gens* du Présidial y tenaient encore leur siége, ils prétendirent les associer à
leur mauvaise fortune[1] et les transférer à Blaye,
en s'appuyant d'une ancienne déclaration du
Roi[2], annulée du reste par l'amnistie.

Le lieutenant particulier, le vicomte de Vire-

(1) « ... Au cas que le Parlement ne fut point restably en cette ville,
ils prétendent que toute la justice royale soit bannie de cette ville. Ils
en donnent déjà des alarmes au peuple qui, estant en partie composé
de personnes qui vivent de la chicane, ils tâchent à l'émouvoir et à le
faire murmurer par l'apréhension d'estre obligez à quiter leurs maisons pour chercher à vivre... » (Lettre de Virelade, Archives Hist. de
la Gironde, t. xv, p. 413.)

(2) Le 10 décembre 1651, c'est-à-dire au moment où Condé apportait
aux Frondeurs son épée, le Roi, par une déclaration générale, avait
interdit le Parlement, les autres compagnies de la ville et tous les présidiaux du ressort. (Dom Devienne, *Hist. de Bordeaux*, t. i, p. 418.) —
Mais à l'époque du Traité de Bordeaux, les ducs de Vendôme et de Candale, considérant que la déclaration était conçue en termes généraux,
et qu'*il y avait lieu de reconnaître les services du Présidial*, avaient
accordé son rétablissement par provision. — Par une interprétation
affectée, le Parlement de Guienne avait au contraire rendu un arrêt
qui transférait le Présidial à Blaye. En vérifiant l'amnistie, il le rédui-
sit à juger seulement par provision. (Archives Hist. de la Gironde,
t. xv, p. 438.)

lade, le duc de Candale écrivirent presque si-
multanément à Mazarin[1], et, après avoir rappelé la fidélité du Présidial-Sénéchal de Guienne,
demandèrent avec une grande insistance que la
justice ordinaire du Roi[2] ne sortit pas de Bordeaux avec le Parlement, mais qu'elle y fût au
contraire maintenue pour le bien de son service
et celui de ses sujets. — Candale surtout rappelle « ce que lesdits officiers ont fait dans la
publication de l'amnistie pure et simple et l'enregistrement d'icelle sans aucune condition. De
sorte, Monsieur, qu'on peut dire que lesdits officiers ont suppléé au défaut de *ce que le Parlement n'a pas voulu faire,* et marqué une obéissance exacte aux ordres de Sa Majesté qui a
produit un effet très-considérable[3]. »

Le Présidial eut gain de cause; il continua de
siéger à Bordeaux, tandis que le Parlement,
malgré ses suppliques, resta à La Réole, jusqu'au mois de novembre 1654, dans une disgrâce
à peine déguisée.

(1) Archives Hist. de la Gironde, t. xv, p. 412, 437, 438.
(2) « La nécessité de rendre la justice dans la ville pour y restablir
l'authorité du Roy, obligea M. de Vendosme et moy d'accorder dans les
articles de Bourdeaux auxdits officiers le rétablissement du Présidial,
qui est la justice ordinaire dont les peuples ne peuvent être privés...»
(*Lettre de Candale,* Archives Hist. de la Gironde. t. xv, p. 438.)
(3) Archives Hist. de la Gironde, ibidem.

Certes, le contraste de ces mesures envers
deux compagnies, à ce point hostiles l'une à
l'autre, disait clairement quelle était la pensée
royale, et les conseillers présidiaux qui en profitèrent n'y furent point insensibles; mais il y
eut, en outre, des récompenses personnelles.
Salomon de Virelade, qui s'était fort activement
employé dans les négociations de la paix, et
que les membres du Présidiâl, nous l'avons
dit plus haut, considéraient *comme leur chef,*
fut pourvu de la charge de lieutenant-général[1],
puis nommé chevalier de Saint-Michel[2]. Nicolas
de la Reynie, d'abord inutilement recommandé
par son protecteur le duc d'Épernon, ensuite attaché à ce dernier pendant qu'il était gouverneur
de la Bourgogne, finit par être élevé, en 1667,
aux fonctions de lieutenant de police à Paris.
Il avait, du reste, s'il faut en croire un factum
écrit à l'occasion d'un procès, grandement accru
sa fortune, par des spéculations commerciales,
pendant son séjour à Bordeaux[3].

Étaient-ils plus ou moins dignes que le conseiller Lafargue d'un témoignage particulier?

(1) Pontellier, *Chronique Bourdeloise,* p. 74. — 23 mai 1654.
(2) Noël d'Argonne (Vigneul-Marville), *Mélanges d'Histoire et de Littérature,* t. III, p. 391.
(3) Pierre Clément, *Revue des Deux-Mondes,* 1864, t. II, p. 802.

C'est ce qu'à une aussi grande distance il est
assez difficile de reconnaître. Il advint alors ce
qui arrive souvent, les plus intéressés, les plus
remuants, ceux qui savent se faire valoir, eurent
les premières faveurs : L'abbé de Guron avait sa
nomination en poche bien avant que la ville
fût rendue [1]; Merlaud de Mondenis et Raymond
de Litterie avaient fait à l'avance, avec le duc
de Candale, un traité qui leur assurait des lettres de noblesse « *quand mesme ils ne réussi-
roient pas absolument,* en considération des
risques où cette négociation si périlleuse les
engageoit [2]. » Salomon de Virelade, par une
correspondance opportune et d'actives démarches auprès de Mazarin, appela l'attention sur
sa personne [3]. Toute autre fut l'attitude de

---

(1) Louis de Guron de Réchigne-Voisin, joua un rôle très-actif dans
les négociations de 1653, où il figura surtout comme délégué de Mazarin. Pourvu par le Roi de l'évêché de Tulle, il fut sacré le 2 novembre
1653, à Bordeaux, dans le couvent des Carmélites ; cependant, il prenait déjà au mois de février le titre d'évêque. (Voir, dans les t. VII, VIII,
et XV des Archives Hist. de la Gironde, sa volumineuse correspondance
communiquée par M. Tamizey de Laroque.)

(2) Léo Drouyn, *Enquête pour Merlaud*, Actes de l'Académie de
Bordeaux, 1879, p. 353.

(3) Salomon, vicomte de Virelade, avocat au Grand Conseil, fut mêlé
sous la Fronde à des négociations de plusieurs natures. On peut voir ce
que j'en dis dans les *Négociateurs Bordelais*, p. 22 à 28, et dans les
Châteaux de la Gironde, p. 196 et suiv. — Salomon rendit d'incontes-
tables services, mais il sut le faire ressortir. Les Archives Historiques
de la Gironde, t. XV, renferment une très-curieuse lettre de ce person-

Guillaume de Lafargue; satisfait d'avoir pu,
sans répandre le sang, contribuer à la destruc-
tion de l'Ormée et à la paix de Bordeaux, il se
tint à l'écart. Éclipsé, à la dernière heure, par
des hommes de cour empressés à faire valoir
leurs services, il demeura dans l'obscurité victime de son désintéressement.

Dans ce siècle de Louis XIV, où l'attention des
ministres et des hauts fonctionnaires était en
quelque sorte accaparée par les grands actes du
règne, on s'étonnera peu que les enfants d'un
homme oublié aient eu le sort de leur père.

Il ne faudrait pas, du reste, qu'un intérêt bien
naturel nous jetât dans une compassion exagérée.
Il ne résulte pas de la procédure qu'Étienne et
ses sœurs fussent complètement sans ressources;
c'est le contraire plutôt qui en ressortirait.

nage à Mazarin, due, comme la plupart des pièces de cette époque, a x
infatigables recherches de M. Tamizey de Laroque. — Virelade :
met presque continuellement en scène et n'épargne pas les flatterie
au tout puissant cardinal :

« J'espère que V. É. soufrira d'autant plus aisément la liberté que je
» prends de lui écrire, que c'est une des merveilles de sa conduite,
» qu'ayant un juste et parfait discernement des avis qu'elle reçoit, elle
» a néanmoins la bonté et la complaisance de n'en mespriser pas un, et
» j'atends qu'elle aprouvera *mon zèle* quand ma hardiesse mériteroit
» quelque blâme, etc. »

Aux lecteurs qui voudraient connaître plus à fond ce personnage,
nous recommanderons l'étude de M. René de Kerviler, publiée en 1876,
dans la *Revue de Gascogne*, et dont il a été fait un tirage à part.
(Paris, 1876, Dumoulin, éditeur.)

On les voit, dans le courant de leur minorité,
désintéresser en partie par des à-comptes leurs
principaux créanciers. De 1673 à 1679, par
exemple, ils paient en quatre fois, à Jean de
Suau, conseiller secrétaire de la couronne de
France, une somme de 1,542 liv.; à François de
Belhade, sieur de Thodias[1], le 4 mars 1676,
pour arrérages de rente, la somme de 436 liv. [2].
— A la fin de 1681, ou peut-être au commencement de 1682, la plus jeune des filles se marie[3].
Marie de Lafargue épouse un gentilhomme, Jacques de Morin, écuyer[4], ce qui semble indiquer
une dot. Enfin, le bourdieu de Belleroque adjugé
et livré, comme on l'a vu, le 2 janvier 1685, à
la Mère Ancelle, se trouve appartenir, quelques
années plus tard, à Étienne de Lafargue[5].

Y eut-il un rachat de la famille ou un abandon

---

(1) Les sieurs de Thodias appartiennent par leur nom à l'histoire de
Bordeaux sous la Fronde. (Voyez les Mémoires de Lenet, Dom Devienne
et suprà, p. 32. — En 1650, Guy de Belhade de Thodias, gentilhomme
de la maison de Condé, était gouverneur de Fronsac et de Coutras. Il
exerçait encore ces fonctions en 1667. (Léo Drouyn, Tizac de Galgon,
etc., Act. de l'Académie de Bordeaux, 1873, p. 36, 62, 92.)

(2) Mns. de l'Annonciade, f° 37, v° et 44 v°.

(3) Ibidem, f° 59 v°.

(4) Il y avait en ce moment au Parlement un conseiller de ce nom
appartenant à la religion réformée, et qui, à ce titre, avait fait partie de
la Chambre de l'Édit. (Boscheron des Portes, Hist. du Parlement de
Bordeaux, t. II, p. 231.)

(5) Archives du château de Coimères. — Commutation du droit de
quint et d'agrières.

gracieux du monastère? — Peut-être l'un et
l'autre. Bien que la sœur d'Yzabeau eut trans-
mis ses droits à l'Annonciade, et perdu, en se
faisant religieuse, tout pouvoir de tester et d'agir,
il est probable qu'à sa prière la communauté ne
refusa point une transaction qui permit à son
neveu de rentrer dans l'héritage maternel.

Le bourdieu, à dire vrai, ne resta pas longtemps dans les mains du fils Lafargue. Peu de
temps avant de mourir, c'est-à-dire à l'âge de
trente-cinq ou trente-six ans, Étienne le vendit
à Jean de Marias, sieur de Lacroix, qui fut, par
la suite, maire perpétuel de la ville de Bourg[1].
Il résulte d'un acte où elle est rappelée, que
cette aliénation fut antérieure au 27 avril 1692.
À cette date, on voit, en effet, Jean de Marias
payer à noble Simon de Cosson, seigneur d'Es-
conge, 150 liv.[2] pour les lots et ventes de ces

---

(1) Jean de Marias, sieur de Lacroix, marié vers cette même époque,
à Françoise de Larocque, transmit le bourdieu à ses deux fils Louis
(autre maire de Bourg) et Jean-Baptiste. Jean-Baptiste de Marias
n'ayant pas eu de postérité, légua, par testament, en date du 19 mars
1757, cette partie de ses biens à son cousin maternel, Jean-Baptiste
Benoît de Larocque, seigneur de Saint-Marc et de Latour, fils de Jean-
Jacques de Larocque, lieutenant-colonel au régiment d'Aunis et chevalier
de l'Ordre militaire de Saint-Louis. Enfin Jean-Baptiste Benoît laissa
Belleroque à son fils aîné Jean-Baptiste de Larocque-Latour, officier au
régiment du Roi, mort en 1841. — C'est par ce dernier que le dossier
de l'affaire Lafargue est arrivé jusqu'à nous.

(2) Arch. du château de Coimères. — Commutation du droit de quint
et d'agrières, etc.

biens, dont la mouvance et la directité lui appartenaient.

La vente du bourdieu, où l'on pourrait voir l'indice d'une situation toujours précaire, est heureusement susceptible d'une autre interprétation. Il n'est pas dit à quel titre Étienne de Lafargue redevint un instant propriétaire de ce petit domaine ; c'était un ancien patrimoine de famille ; ses sœurs en avaient peut-être une part, et l'on comprendrait qu'il l'eût vendu pour les indemniser.

Quoi qu'il en soit, l'ensemble des faits, les à-comptes aux créanciers, le mariage de Marie de Lafargue, le retour momentané du bourdieu à la famille, ne montrent pas un dénuement absolu ; et, pour clore par une pensée consolante le tableau de ces vies tourmentées, nous inviterons le lecteur à croire avec nous que les filles survivantes du fidèle magistrat-présidial eurent au moins du pain dans leurs vieux jours.

CHAPITRE IX

UNE ENCHÈRE AUX TUILERIES

Les dernières années du XVII° siècle furent marquées par des changements assez considérables dans l'état de la justice en Guienne. Certaines juridictions cessèrent d'être, d'autres furent amoindries ou modifiées.

La Chambre de l'Édit, établie, comme on l'a vu, pour juger les affaires où les protestants étaient parties, fut supprimée, triste dérogation à l'Édit de Nantes, et qui n'annonçait que trop sa prochaine révocation[1]. Le personnel fut réuni au Parlement de Guienne; seuls les conseillers protestants, mal vus de leurs collègues, insultés dans les rues par la populace[2], finirent par disparaître, les uns ayant sans doute vendu

(1) La suppression eut lieu à Bordeaux, Grenoble et Toulouse en 1679. Les Chambres des autres ressorts subsistèrent jusqu'en 1685. (Hénault, *Abrégé Chronologique de l'Histoire de France*, p. 852.)

(2) Le peuple voulait les forcer de se mettre à genoux lorsque passait le Saint-Sacrement, et leur jetait de la boue quand ils se rendaient au prêche.

leurs charges, les autres, comme le prouve
Boscheron des Portes, s'étant convertis au ca-
tholicisme [1].

La Jurade, magistrature à deux fins, à la fois
administrative et judiciaire, qui jugeait au criminel comme le Présidial [2], avait avec lui, pour
des motifs de juridiction ou de préséance, de
perpétuels conflits [3]. La contestation du rang
dans les assemblées avait surtout acquis une
telle aigreur, qu'il était devenu à peu près impossible de faire assister ensemble ces deux
corps aux mêmes cérémonies. Il ne fallut pas
moins de trois ou quatre arrêts du Conseil d'État,
de 1683 à 1685 [1], pour établir entr'eux un *mo-
dus vivendi* qu'ils voulussent accepter. Il fut
enfin convenu que, dans toutes les assemblées
solennelles, processions, *Te Deum,* entrées de
gouverneurs ou autres, les officiers du Présidial
se placeraient à la droite et les Jurats *vis-à-vis,*
à leur gauche. Grâce à ce tempérament, on

(1) Boscheron des Portes, *Hist. du Parlement de Bordeaux,* p. 232.

(2) Tillet, *Chronique Bourdeloise,* p. 187. — Gauret, *Style Universel,*
t. II, p. 57. — Cf. *Livre des Privilèges,* p. 421.

(3) Le 21 juillet 1654, Mazarin, à propos de leur différend avec les
Jurats, assurait les officiers du Présidial de sa disposition à protéger
leurs intérêts en tout ce que lui permettrait la justice. (Archives Hist.
de la Gironde, t. II, p. 93.) — Cf. Tamizey de Larroque, *Lettres inédites
du comte d'Estrades,* p. 79 et 80, à la note 3.

(4) Tillet, *Chronique Bourdeloise,* p. 94 et 95.

put voir, le 24 mai, à la grande procession de
1690, Jurats et Présidiaux marcher côte à côte,
ou plutôt sur la même ligne, — « Messieurs
les Jurats ayant croisé avec le Présidial dans
les lieux où il falloit changer de place[1]. »

La vieille commune gasconne cherchait ainsi,
dans une futile satisfaction d'amour-propre, un
dérivatif à ses longues humiliations. Cette puissance municipale, qui avait ses racines dans le
Moyen-Age, qui rappelait autrefois par ses franchises les Républiques Lombardes, perdait une
à une ses anciennes libertés et voyait fatalement
disparaitre ce qui lui restait d'autonomie[2]. Elle

(1) Tillet, *Chronique Bourdeloise*, p. 133.

(2) Dans une introduction au *Livre des Priviléges*, M. Henri Barckhausen a, sous une forme concise, tracé de main de maître le tableau
des atteintes portées à nos institutions municipales. Le passage suivant, où l'auteur caractérise avec son coup-d'œil habituel l'amoindris-
sement de la commune bordelaise, se recommande à l'attention du
lecteur. Après avoir rappelé les conséquences de l'insurrection de
1548, d'abord la suppression momentanée de la Jurade, ensuite l'alté-
ration profonde de l'organisation antérieure, M. Barckhausen ajoute :
« Toutefois, ce qu'il y eut de plus grave dans les lettres patentes
d'août 1550, ce ne fut pas que le prince y diminuât le nombre des jurats
ou supprimât le sous-maire et le prévôt, ce fut qu'il fixât lui-même le
chiffre des gages du moindre employé de l'Hôtel-de-Ville. Depuis lors,
on vit la centralisation administrative restreindre de plus en plus l'autonomie de la cité. Les maire et jurats pourront encore faire des me-
nues ordonnances de police sous le contrôle du Parlement ou de l'Intendant de Guyenne; mais c'est la Cour qui, de Paris ou des environs,
réglera dans tous ses détails l'exercice de leur autorité, etc. » (*Essai
sur l'Administration municipale de Bordeaux sous l'ancien régime*, p. 11.)

venait tout récemment encore d'être frappée
dans un de ses droits les plus chers. Le 20 juillet 1684 [1], après des luttes dont on a vu quelques péripéties, la Jurade avait à peu près cessé
d'être élective : au lieu de trois jurats, désignés
tous les ans par les vingt-quatre prud'hommes,
le Roi avait voulu qu'il lui fût désormais présenté neuf candidats, parmi lesquels il entendait
choisir. — « Cette forme de nomination s'exé-
cute ponctuellement, au premier jour d'aoust de
chaque année, » dit le chroniqueur contemporain,
avec une résignation qui est, à elle seule, un
signe du temps [2].

Le procès Lafargue nous a montré le Parlement à La Réole; ce corps y était encore en 1690.
Son éloignement, nuisible sous bien des rapports,
pesait à tout le monde. L'expédition de la justice
en souffrait, et des supplications incessantes
arrivaient à Versailles pour demander son retour. Le 1er septembre, l'Assemblée des Cent-
Trente ayant été convoquée, il fut délibéré qu'on
offrirait au Roy un don de 400,000 liv. pour le
rétablissement du Parlement et de la Cour des

---

(1) L'arrêt du Conseil est du 23 septembre 1683, d'après le *Livre des
Privilèges*, p. 432; mais il ne fut publié que le 20 juillet de l'année
suivante à Bordeaux.
(2) Tillet, *Chronique Bourdeloise*, p. 94.

Aydes[1]. Les pouvoirs qui ont besoin d'argent
ne résistent guère à ce genre d'intercession. La
longue disgrâce des deux Cours eut enfin son
terme; elles furent rappelées l'une de La Réole,
l'autre de Libourne, et firent leur ouverture à
Bordeaux les 13 et 14 novembre 1690, après un
exil qui avait duré quinze ans[2]. « Ce grand
ouvrage,—ajoute la Chronique Bourdeloise avec
une sympathie dont elle n'est guère prodigue
quand il s'agit du Parlement de Guienne, — a
été, par la grâce du ciel, consommé pour le bien
de toute la province[3]. »

La France était déjà engagée dans ces guerres
contre l'Europe coalisée, qui assombrirent si fort
la vieillesse de Louis XIV. Pour y suffire, on
vendit des redevances domaniales, on créa des
rentes, on institua de nouvelles charges[4]; un

(1) La Cour des Aydes, établie à Périgueux en 1554 et réunie en 1557
au Parlement de Guienne, avait été reconstituée en 1629. D'abord fixée
à Agen, puis transférée à Libourne, elle fut installée à Bordeaux en
1637, au grand déplaisir du Parlement, qui ne cessa depuis lors de
témoigner à cette institution rivale la plus grande malveillance. (Cf.
Boscheron des Portes, *Hist. du Parlement de Bordeaux*, t. 1, p. 103,
106, 472; Brives-Cazes, *Usages des Étudiants dans l'ancienne Uni-
versité de Bordeaux*, Actes de l'Académie de Bordeaux, année 1878,
p. 79.)
(2) Tillet, *Chronique Bourdeloise*, p. 135 et 137.
(3) Idem, ibidem, p. 134.
(4) Les offices nouveaux étant créés pour satisfaire aux incessants
besoins du Trésor, étaient susceptibles de rachat. — Le Parlement de
Guienne racheta ainsi une charge de Président et six de conseillers

impôt de capitation fut établi[1]. Le Roi envoya à la Monnaie ses objets les plus précieux : ses candélabres, ses tables d'argent, ses grands canapés d'argent massif, et jusqu'à des merveilles d'orfévrerie, chefs-d'œuvre de Claude Ballin.

Enfin un édit de mars 1695, renouvelant une déclaration de l'an 1672, ordonna la vente des justices, terres, seigneuries et droits domaniaux de Sa Majesté. — Nombre de justices royales en Guienne subirent les atteintes de cette mesure fiscale. L'une des plus frappées fut certainement la prévôté royale de Bourg.

Il était dans la destinée de cette ville, filleule de Bordeaux, de ne pas conserver les grands avantages qu'elle devait au temps et à son admirable position géographique. Place de guerre très-forte[2], grâce à plusieurs ouvrages qu'y

pour 400,000 liv.; la Jurade bordelaise, la charge des deniers d'octroi pour 27,000 liv.; celles de procureur-syndic, secrétaire et greffier, pour 60,000 liv., etc.

(1) « On résolut la capitation, espèce de taxe annuelle que chacun devait payer pour aider à soutenir la guerre ; et comme la nation était alors dans une espèce de consternation après la prise de Namur (1694), loin que cette nouvelle taxe fût mal reçue du peuple, je fus témoin au contraire qu'elle fut reçue avec joie, parce que tout le monde la considéra comme le seul remède à nos maux. » (Castel, *Annales politiques*, t. I, p. 423.)

(2) C'est l'expression même du colonel Baltazar, *Histoire de la guerre de Guienne*, p. 113.

avait élevés le baron deVatteville, elle fut cependant démantelée, après la Fronde, sur un ordre exprès de Sa Majesté [1]. Le duc de Vendôme, qui la jugeait utile pour le service du Roi, demanda vainement un sursis [2]. On commanda au comte d'Estrades, maire de Bordeaux et gouverneur de la Guienne, de faire tomber ces fortifications; et un homme du pays, Achard des Augiers [3], maréchal de bataille dans les armées du Roi, eut la charge de procurer cent manœuvres par jour pour démolir en toute hâte « ce qui avoit été fait, bâti et construit par les Espagnols [1]. » Quelques années plus tard, en 1663, s'il faut en croire Jouannet [5], les vieilles murailles élevées au temps des rois d'Angleterre auraient eu le même sort. Il en reste à peine trace aujourd'hui.

La juridiction de Bourg fut, de même, dé-

---

[1] Novembre 1654.

[2] Archives Historiques de la Gironde, t. xv, p. 335 et 373.

[3] Achard était le nom patronymique. Dans une liste des protestants condamnés à mort par contumace, le 6 avril 1569, on trouve mentionnés : « Gaston, Jehan, Pierre et Romain Achardz frères et sieurs des Augiers, *de la ville de Bourg.* » (Archives Hist. de la Gironde, t. xiii, p. 491.) — En 1619, Izaac Achard, écuyer, sieur des Augiers, fut adjoint à Gontaud de Biron, par l'assemblée de la noblesse de Guienne, comme député aux États-Généraux d'Orléans. (Même recueil, t. xvii, p.355 et 372)

[4] Léo Drouyn, *Tiuie de Galgon*, Actes de l'Acad., 1873, p. 41.

[5] Jouannet, *Statistique du département de la Gironde*, t. ii, 1re partie, p. 13.

membrée et réduite au simple chef-lieu. Le 15 décembre 1695, après trois ou quatre publications, procès-verbal de M. de Bezons, intendant de Guienne, et une première enchère à Paris, au château du Louvre, la vente définitive eut lieu au même palais, dans la chambre du Conseil des Tuileries, avec la formalité des *trois feux* qui se pratique encore de nos jours. Les justices hautes, moyennes et basses de vingt et une paroisses furent ainsi adjugées à Mᵉ Martel, au prix de 19,600 liv. et 2 sols par livre, ce qui portait l'enchère totale à 21,560 liv [1].

Le contrat donne le nom des paroisses vendues; dix-neuf dépendantes de la juridiction de Bourg, *le chef-lieu excepté :*

Camillas [2],	Montbrieu [4],
Tauriac,	Civrac,
Saint-Marias [3],	Soudiac [5],

(1) Archives du château de Coimères. — Contrat de vente des paroisses de la juridiction de Bourg, fᵒ 4.

(2) Camillac, paroisse réunie à Bourg ainsi que Lalibarde.

(3) Saint-Mariens.

(4) Monbrier.

(5) Soudiac figure, sur la carte de Jean-Baptiste Nolin, au N.-N.-O. de Saint-Mariens; cette paroisse n'existe plus depuis longtemps, et le nom est presque oublié. M. J. Reclus ne le mentionne pas; ce lieu n'est plus connu que sous le nom de Saint-Yzant, à deux kilomètres et demi E. de Saint-Savin. — En 1757, la baronnie de Saint-Savin comprenait, outre la paroisse de Saint-Savin, partie de Saint-Mariens et de Saint-Yzant de Soudiac.

Gauriac,
Lansac,
Preignac,
Samonac,
Bajon (1),
Lafosse,
Villeneuve,

Saint-Ciers-de-Canesse,
Saint-Seurin,
Thuilliac (2),
Saint-Urgean (3),
Comps,
Lalibarde,

deux de la juridiction de Blaye :

Saint-Christoli,   Saint-Vivien (4).

« à la charge, ajoute le contrat, que les appellations seront portées par devant les officiers royaux des chefs-lieux desdites juridictions. »

Il est à peine besoin de dire que Me Martel n'é'ait ici qu'un intermédiaire. Le 10 février 1696, il en fit la déclaration au greffe de la commission, en désignant les véritables adjudicataires. Voici, dans l'ordre adopté par l'acte et avec leurs titres et qualités, les noms de ces personnages dont plusieurs ne sont pas des inconnus pour nous :

(1) Bayon.
(2) Teuillac.
(3) Saint-Trojan.
(4) M. J. Reclus, *Dictionnaire géographique et historique de la Gironde*, place Saint-Vivien de Lafosse dans la juridiction de Bourg avant 1741. — On voit qu'en 1695 il était compris dans la juridiction de Blaye.

Messire Josué de Vincens, vicomte de Cézac [1], conseiller du Roi, en sa Cour de Parlement de Bordeaux [2] ;

Messire Joseph de Calmeil [3], escuyer, seigneur de Poyanne [4] ;

Jacques Colomb, escuyer, sieur des Marais [5] ;

Pierre-François Baritaut, escuyer [6] ;

(1) Le château de Cézac, aujourd'hui rasé, était situé dans la paroisse de ce nom qui faisait partie de la baronnie du Cubzaguais.

(2) On remarquera que Josué de Vincens n'est plus qualifié baron de Clérans. Nous avons cependant affaire ici au fils de Marguerite de Belrieu ; le prénom et la qualité de conseiller ne permettent aucun doute.

(3) Un sieur de Calmeil était conseiller au Parlement de Guienne dans la première moitié ou plutôt au commencement du xviiᵉ siècle. (Jean de Gaufreteau, *Chronique Bourdeloise*, t. i, p. 5.) — Vers la même époque, Jeanne de Calmeilh, femme de Frenton du Vergier, conseiller au Parlement, est qualifiée dame de la maison noble de Barbe en Blayais. (Archives Historiques de la Gironde, t. i, p. 421.) — Un beau vignoble appartenant à M. Dupouy et situé non loin de Barbe, mais dans l'île du Nord, commune de Gauriac, porte le nom de ces anciens seigneurs. On trouve encore, dans l'île du Nord, le château Carmeil, propriété de M. Sourget. Carmeil se rapproche beaucoup de Calmeil et a probablement la même origine.

(4) Le sieur de Poyanne et Livrac figure, sous la rubrique *Bourgès et Cubzagués*, dans le rôle des nobles de Guienne sujets au ban et à l'arrière-ban, le 13 juin 1504. (Archives Hist. de la Gironde, t. i, p. 420.) — Un domaine de ce nom, dans la commune de Gauriac, est aujourd'hui la propriété de M. Pastoureau.

(5) Jacques Colomb ou de Coulomb assista, comme témoin, en 1679, à un inventaire de François de Barrière, avocat au Parlement. (Cf. Léo Drouyn, *Tisac de Galgon*, p. 93.) Il appartenait à la famille de ce Mathurin Coulomb, assassiné le 22 mars 1658, dans la lande de Saint-Loubès. (Voir *suprà*, p. 46.) — Le 1ᵉʳ août 1655, fut élu jurat M. Coulomb, escuyer. (Pontellier, p. 80.)

(6) Baritaut, Baritaud, Baritault. L'orthographe de ce nom varie beaucoup. Les *Registres du notaire de Langon* mentionnent, en 1683,

Jean de Marias, escuyer, maire perpétuel de la ville de Bourg[1].

Messire Louis de Grimard, chevalier, conseiller du Roy en ses conseils, président à mortier au Parlement de Bordeaux[2] ;

Et dame Jeanne Daniel, veuve de sieur Achard, escuyer, seigneur des Augiers[3].

Les adjudicataires acquièrent non-seulement la faculté d'établir des officiers pour exercer la justice en leur nom, mais encore « tous les profits, droits, rang, préséances et autres honneurs dont les seigneurs hauts, moyens et bas justiciers ont droit de jouir, comme aussi tout le domaine utile desdites justices consistant en cens, rentes, lots et ventes, *droits de prélation*[4] et généralement tous autres droits appartenant à Sa Majesté, etc. »

Jean de Baritault, écuyer, seigneur du Carpia. (Archives Hist. de la Gironde, t. xv, p. 582.)

(1) Jean de Marias est qualifié, en outre, « conseiller du Roy, seigneur des paroisses de Camillas et Bayon, » dans une signification de Pastoureau, huissier de Bourg, en date du 18 juillet 1606. Cette pièce fait suite au contrat de vente domaniale dont il a été question plus haut.

(2) Louis de Grimard est probablement le magistrat de ce nom qui présidait la Grand'Chambre, lorsque fut rendu l'*arrêt de décret* contre l'hérédité Lafargue. — Il mourut quelques années après, en février 1700. (Tillet, *Chronique Bourdeloise*, p. 230.)

(3) Voy. *suprà*, p. 165, la note relative aux seigneurs des Augiers.

(4) Le droit de retirer une terre seigneuriale en remboursant l'acquéreur.

Ces justices, que le Roi mettait aux enchères, les acquéreurs les vendaient à leur tour. Josué de Vincehs et Joseph de Calmeil s'étaient, paraît-il, associés pour acheter une bonne partie de la juridiction. Soit qu'ils trouvassent pour eux seuls la charge trop lourde, soit qu'il y eût un engagement imposé à l'avance par les compétiteurs, ils revendirent en détail, ou plutôt ils répartirent une portion de ce qu'ils avaient acquis en bloc. C'est ainsi qu'ils attribuèrent à Jean de Marias, au prix de 4,400 liv., les trois paroisses de Lalibarde, Camillac et Bayon[1], et que ce dernier recéda lui-même la justice de Lalibarde à M. du Nord[2].

Comme les charges de président, de conseiller, de greffier, et tous les offices en général, les justices et les droits domaniaux étaient ainsi devenus un objet de trafic, et il n'était pas très-rare de les voir, en peu d'années, changer plusieurs fois de maîtres[3].

Au bas du contrat de vente qui consacrait

(1) Déclaration de Marias, du 9 mai 1696. (Archives du château de Coimères.)

(2) Du Nord, escuyer, seigneur de Lalibarde. — Signification de Pastoureau du 18 juillet 1696.

(3) On voit, par exemple, dans un état des juridictions seigneuriales, vers le milieu du XVIIIe siècle, la baronnie du Cubzaguais ou de Saint-André de Cubzac appartenir, la même année (p. 15), à Messire Jean-Frédéric, comte de la Tour-du-Pin, et (p. 23), à M. le comte de Paulin.

cette « aliénation perpétuelle, » se trouvent
plusieurs des grands noms de France : Le Pel-
letier, Pussort, d'Aguesseau, de Harlay[1], de
Haudebert, du Buisson, Chamillart, Pheli-
peaux[2], Lefèvre de Caumartin[3], Fluviac d'Armenonville[4], commissaires généraux députés
par le Roi « pour la vente et *revente* de ses
domaines. »

Ces aliénations répétées et ces ventes en sous
ordre expliquent le grand nombre de seigneurs
haut justiciers que nous signalent, au siècle suivant, les *Variétés Bordeloises* de Baurein et les
Almanachs historiques de la province. En 1760,
dans la seule sénéchaussée de Guienne, sur cent
dix juridictions de toute nature, huit à peine

---

(1) Achille de Harlay, premier président du Parlement de Paris, est
surtout connu par les mémoires de Saint-Simon qui ne lui ménage pas
les volées de bois vert. — De Harlay n'en était pas moins un homme
d'esprit. La saillie suivante souvent citée lui appartient : « Si Messieurs
qui parlent, disait-il un jour à l'audience, faisaient comme Messieurs
qui dorment, Messieurs qui écoutent pourraient entendre. »

(2) Philipeaux, comte de Pontchartrain.

(3) Louis-Urbain Lefèvre de Caumartin, conseiller d'État. C'est de lui
que parle Boileau dans ces vers :

> Chacun de l'équité ne fait pas son flambeau,
> Tout n'est pas Caumartin, Bignon et d'Aguesseau.

(4) Probablement Fleurieu d'Armenonville. — Joseph-Jean-Baptiste
Fleurieu d'Armenonville fut garde des sceaux sous Louis XV, 1722-
1728; mais j'ignore s'il faut voir dans ce personnage le commissaire
général des ventes domaniales au temps de Louis XIV.

étaient encore des justices royales, et nous y
comprenons la *cadègre*[1], petit tribunal établi
pour juger les différents des habitants de Bordeaux avec ceux de l'Entre-deux-Mers.

Heureux si par de tels sacrifices on eût terminé, du coup, ces guerres terribles qui dévoraient la France et mirent un moment en péril
la vieille monarchie!

— J'ai trop aimé la guerre, disait à son arrière-petit-fils, Louis XIV mourant; ne m'imitez
pas en cela, non plus que dans les trop grandes
dépenses que j'ai faites. Soulagez vos peuples le
plus tôt que vous pourrez, et faites ce que j'ai eu
le malheur de ne pouvoir faire moi-même.

---

(1) M. Henri Chauvot nous donne, dans son excellente *Histoire du
Barreau de Bordeaux*, p. 10, l'étymologie de la *cadègre*, « mot, dit-
il, qui signifie en patois petite chaise, siége du juge qui composait à
lui seul ce tribunal. »

CONCLUSION

Ces pages, qui s'offrent comme une étude sur la justice en Guienne, vers la fin du XVIIe siècle, ont-elles réussi à donner une idée de ce monde à part, qui gravitait autour de l'Ombrière ou des Cordeliers de La Réole? Le doute est permis; les travaux de ce genre exigent beaucoup de recherches, et, si heureuses qu'elles soient, il y reste toujours des lacunes.

En dehors des évènements historiques, ce récit n'est que le résumé succinct d'un procès volumineux[1], qui tire son principal intérêt d'un effet de contraste : le peu de valeur du gage et la ténacité des plaideurs.

Ceux-ci ont comparu devant nous. S'ils n'ont

---

[1] Le dossier Lafargue n'a pas moins de quatre-vingt-onze feuillets sur lesquels quatre-vingt-deux sont consacrés à l'*Arrêt de décret*. La dernière pièce est un extrait des registres du Parlement, daté de La Réole, 24 février 1685; MM. de Lalanne, président, et de Sabourin, rapporteur. Elle comprend un feuillet et demi, et concerne une surenchère de 200 fr. Les épices y sont fixées 3 écus; par ce chiffre on peut entrevoir les autres.

pas l'attrait des types que le roman ou le théâtre
produisent, ils ont, du moins, le mérite d'avoir
vécu. On peut voir, maintenant si Racine s'est
éloigné beaucoup de l'exactitude dans cette énu-
mération plaisante que fait le bonhomme Chicaneau des règles ou des formes de l'ancienne
pratique française :

> ..... Enfin, et toute chose
> Demeurant en état, on appointe la cause,
> Le cinquième ou sixième avril cinquante-six.
> J'écris sur nouveaux frais. Je produis, je fournis
> De dits, de contredits, enquêtes, compulsoires,
> Rapports d'experts, transports, trois interlocutoires,
> Griefs et faits nouveaux, baux et procès-verbaux.
> J'obtiens lettres royaux, et je m'inscris en faux.
> Quatorze appointements, trente exploits, six instances,
> Six-vingt productions, vingt arrêts de défenses,
> Arrêt enfin. Je perds ma cause avec dépens,
> Estimés environ cinq à six mille francs.

Chicaneau ne manque pas de faire remarquer
que son procès fut ainsi jugé :

> Après quinze ou vingt ans!

Le nôtre ne dura guère moins. Soyons juste :
la faute n'en fut pas toute entière aux subtilités
de la procédure. Plusieurs décès consécutifs, la
sédition de 1675, la disgrâce du Parlement
ajoutèrent à ces longueurs, et si Marguerite de
Belrieu, de Triguay, dame de Vincens, baronne

de Clérans aimait réellement à faire durer ce genre de plaisir, il faut reconnaître qu'elle fut merveilleusement secondée.

Le Moyen-Age ne connaissait pas cet art des évocations, des renvois et des requêtes à la Cour qui rendaient, au temps de Louis XIV, certaines affaires interminables.

Il y avait, à Bordeaux, sous la domination anglaise, une voie très-courte et très-pratique pour faire payer une dette reconnue. Après trois sommations, le juge prenait, faute de paiement, les biens du débiteur sous sa garde; tenait ainsi les immeubles dix jours, les meubles une huitaine, après quoi les biens étaient vendus. — Devant le Prévôt de la ville, on n'admettait ni avocats, ni mémoires; les parties disaient verbalement leurs raisons, que le greffier écrivait sur le registre de la Cour. Devant le Maire, les avocats étaient obligés, par un serment solennel, prêté chaque année, à la première audience qui suivait le renouvellement de la Jurade, de s'abstenir de tous « délais frustratoires » capables d'allonger leurs causes. Quand il s'agissait d'une dette dont il avait été passé obligation, il n'y avait point d'appel. Enfin, en vertu d'un règlement des Trois-États de Guienne, publié en 1414, les procès les plus considérables devaient être, *nécessairement*, terminés dans le cours d'une année [1].

« C'est à cette méthode toute simple, écrivait, en 1768, l'un des frères Lamothe, qu'ont été substituées les formalités si souvent ruineuses et toujours très-embarrassantes des décrets. »

Il n'y a pas que l'ancien régime qui ait à regretter sur ce point la simplicité quelque peu sommaire du Moyen-Age. Si nous cherchions bien, notre époque pourrait fournir, à son tour, quelques exemples de ces litiges qui duraient des vingtaines d'années. Il n'y a pas longtemps, en 1886, la Cour de Rouen était appelée à se prononcer sur un procès centenaire dont l'origine remontait à Louis XV, et qui venait devant cette Cour par renvoi de cassation.

Il s'agissait de la propriété des grèves avoisinant le Mont-Saint-Michel, en Normandie; Mlle Pallix la réclamait contre l'État et la Compagnie des Polders. Trois ou quatre millions étaient en jeu. Mlle Pallix apporta, à défendre ses droits, cette volonté opiniâtre que montrent souvent les femmes dans leurs affaires. Ce n'est cependant qu'au déclin de la vie, — elle a aujourd'hui dépassé quatre-vingts ans, — qu'elle

[1] Cf. *Las Coustumas de la vila de Bordeu*, § 151. — Livre des Bouillons, p. 513 et 518. — Lamothe, *Cout.*, etc., t. I, Int., p. 31.

put obtenir une demi-satisfaction. La Cour de Rouen lui accorda une indemnité annuelle de 30,000 francs, à partir de 1834. On peut aisément calculer le total des sommes que Mlle Pallix a touchées. Il serait moins facile d'avoir le chiffre des frais pendant un siècle de procédure!

N'est-ce pas encore cette même longueur des procès qui faisait, il y a déjà nombre d'années, le succès dans Bordeaux du quatrain suivant, inspiré à l'un de nos spirituels avocats[1] par l'incommode cadran du nouveau Palais :

> Pour les plaideurs, sort infernal,
> Pour le tribunal, quel supplice!
> Il faut aller à l'Hôpital,
> Pour voir l'heure de la Justice!

Avertissement inutile ; la passion ne raisonne pas, et les plaideurs voudront plaider toujours. N'entendez-vous point Mme Yolande qui s'écrie :

> — Laissez faire, ils ne sont pas au bout.
> J'y vendrai ma chemise ; et je veux rien ou tout.

[1] J.-B. Gergerès.

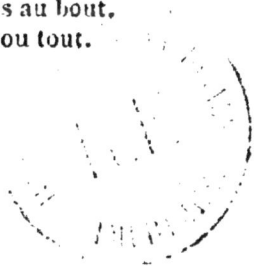

F I N

TABLE DES MATIÈRES

TABLE ALPHABÉTIQUE

TABLE ALPHABÉTIQUE

183

---·×·---

ERRATA

Page 22. — Au lieu de « Gubzaguais, » lisez : « Cubzaguais. »

— 30. — Après ces mots, « Henri de Béthune, » ajoutez : « alors
         absent de Bordeaux. »

— 48. — A la fin de la note 2, au lieu de « Les Variétés Girondines ne
         disent pas s'il y eut beaucoup d'enfants, » lisez : « Les
         Variétés Girondines ne disent pas, *dans ce passage*, s'il
         y eut beaucoup d'enfants, etc. » — On voit, en effet,
         vingt-trois pages plus loin, que sur trois mariages entre
         les Roy et les Solminihac, deux furent sans postérité.

— 67. — Au lieu « d'Arnault, » lisez : « d'Andrault. »

— 87. — A la dernière ligne, au lieu de « ne l'obligent, » lisez : « ne
         l'oblige. »

— 123. — Au lieu de « Clairans, » lisez : « Clérans. »

DU MÊME AUTEUR

HISTOIRE DE BORDEAUX PENDANT LE RÈGNE DE LOUIS XVI, avec lithographie représentant la place des Quinconces projetée par l'architecte Victor Louis. Bordeaux, typ. J. Dupuy, 1859, in-8° de 160 pages.

HISTOIRE MARITIME DE BORDEAUX : (Aventures des corsaires et des grands navigateurs bordelais). Bordeaux, 1864, in-8° de 204 pages.

NOTICE BIBLIOGRAPHIQUE et PIÈCES RELATIVES A MESSIRE ARNAULD DE PONTAC, évêque de Bazas. Bordeaux, 1854, in-8° de 42 pages.

LES NÉGOCIATEURS DE BORDEAUX : (Épisodes et récits du temps de la Grande Fronde). Bordeaux, typ. Ragot, 1855, in-8° de 138 pages.

LES CHATEAUX DE LA GIRONDE : (Mœurs féodales, légendes et traditions de l'ancien pays de Guyenne, épisodes de l'histoire de Bordeaux sous l'administration anglaise et la domination de la France). Paris, E. Dentu, 1856, in-8° de 632 pages.

ÉSOPE PEINTRE : (Étude grecque appliquée à la municipalité bordelaise sous le second Empire). Paris, Dentu, 1858, in-32 de 124 pages.

UN VOYAGE AU BASSIN D'ARCACHON. Paris, Jules Tardieu, 1859, in-12 de 104 pages.

ÉLIE VINET, suivi de l'ANTIQUITÉ DE BOURDEAUS, avec gravures et deux plans de Bordeaux au XVI° siècle. Bordeaux, Paul Chaumas, 1860, petit in-4° de 168 pages.

UNE COLONIE GRECQUE DANS LES LANDES DE GASCOGNE, entre l'an 1200 et l'an 550 avant J.-C. Paris, Dentu, 1864, grand in-8° de 30 p.

LES CAMPAGNES DU COMTE DERBY EN GUYENNE, SAINTONGE ET POITOU. Paris, Dentu, 1865, in-8° de 26 pages.

HISTOIRE DE LA CONQUÊTE DE LA GUYENNE PAR LES FRANÇAIS, de ses antécédents et de ses suites, avec portrait de Talbot tiré d'André Thévet. Bordeaux, Paul Chaumas, 1866, in-8° de 558 pages.

Bordeaux, imp. A. Samie, rue du Parlement-Saint-Pierre, 16.

www.ingramcontent.com/pod-product-compliance
Lightning Source LLC
Chambersburg PA
CBHW060547210326
41519CB00014B/3382